THE SILK ROADS

A New History of the World

全彩插畫版
Illustrated Children's Edition

絲綢之路

從波斯帝國到當代國際情勢,
橫跨兩千五百年人類文明的新世界史

彼德．梵科潘作品集 3

全彩插畫版絲綢之路：從波斯帝國到當代國際情勢，
橫跨兩千五百年人類文明的新世界史

2020年2月初版　　　　　　　　　　　　　　　　　定價：新臺幣700元
2021年1月初版第二刷
有著作權・翻印必究
Printed in Taiwan.

著　　者	Peter Frankopan	
	彼德・梵科潘	
譯　　者	苑　默　文	
叢書主編	王　盈　婷	
校　　對	呂　佳　真	
封面設計	許　晉　維	
內文排版	朱　智　穎	

出　版　者	聯經出版事業股份有限公司	副總編輯	陳　逸　華	
地　　　址	新北市汐止區大同路一段369號1樓	總編輯	涂　豐　恩	
叢書主編電話	(02)86925588轉5316	總經理	陳　芝　宇	
台北聯經書房	台北市新生南路三段94號	社　長	羅　國　俊	
電　　　話	(02)23620308	發行人	林　載　爵	
台中分公司	台中市北區崇德路一段198號			
暨門市電話	(04)22312023			
台中電子信箱	e-mail：linking2@ms42.hinet.net			
郵政劃撥帳戶第0100559-3號				
郵撥電話	(02)23620308			
印　刷　者	文聯彩色製版印刷有限公司			
總　經　銷	聯合發行股份有限公司			
發　行　所	新北市新店區寶橋路235巷6弄6號2樓			
電　　　話	(02)29178022			

行政院新聞局出版事業登記證局版臺業字第0130號

本書如有缺頁，破損，倒裝請寄回台北聯經書房更換。　　ISBN　978-957-08-5458-9 (精裝)
聯經網址：www.linkingbooks.com.tw
電子信箱：linking@udngroup.com

Text © Peter Frankopan, 2018 Illustrations © Neil Packer, 2018
This translation of **The Silk Roads (Illustrated Children's Edition)** is published by **Linking
Publishing Co., Ltd.** by arrangement with Bloomsbury Publishing Plc through Andrew Nurnberg
Associates International Limited.
Complex Chinese edition © Linking Publishing Co., Ltd., 2020
All rights reserved

國家圖書館出版品預行編目資料

全彩插畫版絲綢之路：從波斯帝國到當代國際情勢，橫跨
兩千五百年人類文明的新世界史/ Peter Frankopan著. 苑默文譯. 初版.
新北市 . 聯經 . 2020年2月 . 136面 . 23.8×30.5公分（彼德・梵科潘作品集 3）
譯自：The Silk Roads: a new history of the world（Illustrated Children's Edition）
ISBN　978-957-08-5458-9（精裝）
[2021年1月初版第二刷]

1.世界史　2.東西方關係　3.通俗作品　4.絲路
711　　　　　　　　　　　　　　　　　　　　　　　　108021572

THE
SILK
ROADS
*A New History
of the World*

全彩插畫版
Illustrated Children's Edition

絲綢之路

從波斯帝國到當代國際情勢，
橫跨兩千五百年人類文明的新世界史

PETER FRANKOPAN *Illustrated by* NEIL PACKER

彼德・梵科潘———著　尼爾・派克———繪　苑默文———譯

目次

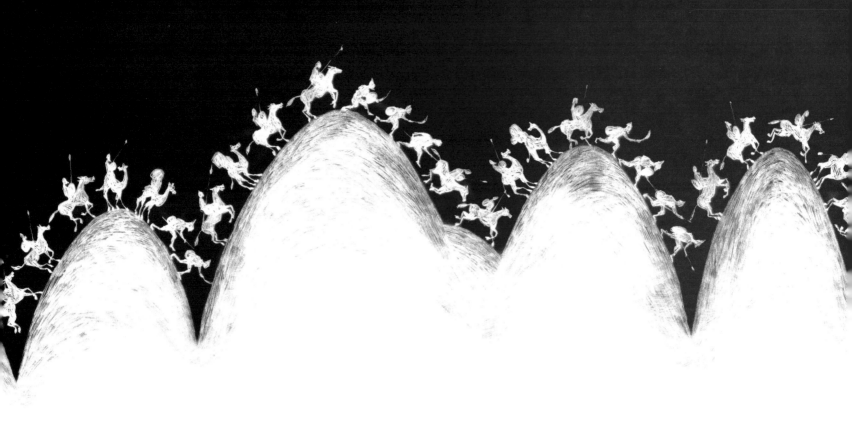

今天的世界

看地圖是一種幫助我們了解世界的絕佳方式。這幅地圖是二十一世紀初世界的樣貌。它並不會告訴我們很多關於人們怎樣看待彼此，或是世界上正在發生的事情，但是你仍然能透過地圖中學到很多東西，並思考為什麼我們對一些地方的了解遠勝於對其他一些地方的了解。

北冰洋

斯瓦爾巴

拉普捷夫海

東西伯利亞海

新地島

卡拉海

楚科奇海

北角

巴倫支海

阿納德爾山脈

莫曼斯克

拉普蘭

伯朝拉

中西伯利亞高原

科雷馬平原

尤卡吉爾高原

地那維亞

維科揚斯克山脈

吉丹山脈

赫爾辛基

拉多加湖

西西伯利亞平原

科爾亞克山脈

斯德哥爾摩

塔林

里加

白海

下諾沃哥羅德

葉尼塞河

白令海

莫斯科

彼爾姆

鄂木斯克

托木斯克

克拉斯諾沃茨克

斯塔諾夫山脈（外興安嶺）

鄂霍次克海

里彼得堡

車爾雅賓斯克

薩哈林島

哥本哈根

維爾紐斯

烏里揚諾夫斯克

喀山

烏法

新西伯利亞

勒拿河

庫頁島

明斯克

歐洲

華沙

弗羅茨瓦夫

頓河羅斯托夫

薩馬拉

奧倫堡

阿斯塔納

安加拉河

伊爾庫茨克

凱霍迪沃斯托克（海參威）

布拉格

布達佩斯

維也納

基輔

沃羅涅日

薩拉托夫

伏爾加格勒

克拉斯諾亞爾斯克

北海道

斯洛伐克

羅馬尼亞

布加勒斯特

第聶伯河

阿斯特拉罕

鹹海

巴爾客什湖

準格爾盆地

哈爾濱

日本海

安納

敖德薩

高加索

西姆肯特

烏蘭巴托

瀋陽

本州

薩格勒布

布爾格斯

索菲亞

黑海

第比利斯

葉里溫

巴庫

阿拉木圖

比什凱克

烏魯木齊

戈壁沙漠

內蒙古

北京

平壤

東京

京都

普里什蒂那

斯科普里

伊斯坦堡

托魯斯山脈

阿什哈巴德

塔什干

安集延

奧什

天山

阿爾泰金山

柏達山

亞洲

天津

濟南

青島

仁川

首爾

大邱

名古屋

大阪

地拉那

雅典

克里特島

勒莫

安卡拉

喀布爾

布哈拉

杜尚別

喀什葛爾

崑崙山

西安

鄭州

黃海

釜山

神戶

九州

貝魯特

大馬士革

馬什哈德

白沙瓦

青藏高原

成都

南京

上海

太平洋

西西里

開羅

特拉維夫

安曼

巴格達

德黑蘭

伊斯法罕

拉合爾

伊斯蘭堡

新德里

喜馬拉雅山

重慶

武漢

杭州

溫州

東海

琉球群島

利比亞沙漠

納賽湖

吉達

麥加

利雅德

科威特

多哈

坎大哈

費薩拉巴德

勒克瑙

加德滿都

廷布

昆明

長沙

泉州

台北

提貝斯提山脈

喀土木

阿斯馬拉

阿布達比

馬斯喀特

艾哈邁達巴德

齋浦爾

阿格拉

坎普爾

巴特那

達卡

曼德勒

廣州

汕頭

東莞

菲律賓海

北馬里亞納群島

查德湖

恩賈梅納

蘇納

亞丁灣

索科特拉島

阿拉伯海

孟買

加爾各答

那格浦爾

奈比多

伊洛瓦底江三角洲

仰光

海防

河內

海南

南海

白宋

馬尼拉

奎松市

非洲

雅溫得

班基

朱巴

衣索比亞高原

阿迪斯阿貝巴

海德拉巴

班加羅爾

清奈

馬德拉斯

拉克沙群島

馬杜賴

孟加拉灣

安達曼群島

曼谷

泰國灣

金邊

胡志明市

民答那峨島

達沃

三寶顏

加羅林群島

伯里貝

科爾卡納湖

維多利亞湖

吉松布拉

奈洛比

蒙巴薩

查戈斯群島

可倫坡

尼科巴群島

斯里巴加灣港口

斯六甲海峽

檳城

古晉

砂勞越

西里伯斯海

伊里安查亞

新幾內亞

拉薩

盧本巴希

多多馬

斯里巴加

斯里巴加灣港口

吉隆坡

新加坡

加里曼丹島（婆羅洲）

蘇拉威西

俾斯麥群島

金夏沙

坦尚尼亞

尼亞薩湖（馬拉威湖）

蘇門答臘

棉蘭

巨港

丹絨加朗

雅加達

萬隆

泗水

三寶壟

爪哇

爪哇海

蘇拉巴亞

班達海

莫士比港

霍尼亞拉

得和克

路沙卡

里朗威

卡里巴水庫

哈拉雷

巴東

帝力

阿拉弗拉海

托雷斯海峽

珊瑚海

維拉港

蘇瓦

約翰尼斯堡

墨巴多

馬布多

塔那那利佛

留尼旺島

帝汶海

達爾文

凱恩斯

新喀里多尼亞

奧洛治

馬塞盧

杜班

印度洋

西北角

大沙沙漠

澳大利亞

大分水嶺

布里斯班

開普敦

好望角

厄加勒斯角

吉布森沙漠

維多利亞大沙漠

艾瑞湖盆地

露紋角

大澳大利亞灣

帕斯

阿德萊德

坎培拉

雪梨

北島

奧克蘭

墨爾本

巴斯海峽

塔斯曼海

威靈頓

基督城

塔斯馬尼亞島

霍巴特

南島

凱爾蓋朗群島

南大洋

南極洲

Modified Gall Projection
© *Oxford Cartographers E&OE*

前言

在我還是個小男孩的時候，我的臥室牆上有一張地圖。我在早晨起床和晚上睡覺前，都會對不同大陸和海洋的廣闊驚嘆不已，看著各種山脈、沙漠和河流的位置，試著記住所有國家和它們首都的名字。

在學校裡，我學到了很多關於我居住的國家和大陸的歷史和地理。我熱愛了解不列顛和歐洲。但是當我和父母交談的時候，總有和別的地方有關的事情讓我覺得應該要加以了解。在世界的許多部分，人們彼此攻伐──而且我不能理解這是為什麼。世界在改變，有時候的改變是好的，有時候是壞的。當我聽新聞的時候，我意識到數百萬人的生活都將因為世界或好或壞的變化受到影響。

我們學歷史是為了理解過去，但也是為了幫助我們解釋當下。歷史有點像是回溯我們一路走來所留下的腳印，並試著明白一個人是如何以及為何走了這樣一條獨特的路線，並來到現在所站的位置。分析自己每一個轉彎或是邁出的每一步都很有意思，而且特別令人興奮，在觀察整段路程的時候也會得

到很多啟發。

從我牆上的地圖裡，我想了解俄羅斯，那裡的領導人一度製造出很多核子武器，而且直接對準離我上學的地方很近的目標。我想要了解中東地區，那裡看起來是一個恐怖分子每天作亂的地方，但是我也意識到那裡也是很多宗教的誕生地。我想要找到中國、伊朗和南亞——那些地方不只是有遼闊的帝國並主宰了過去，而且看起來也對現代世界同樣特別重要。我著迷於了解非洲的人、歷史、地理和文化，並且了解在一塊大陸上的各個部分之間是否有相似和不同之處。

我在學校是沒機會做這些事的。在學校裡，我們要學很多亨利八世（Henry VIII）和他六個妻子的事（以離婚、砍頭、死掉、離婚、砍頭、倖存下來的排列順序）。我希望能有一本書可以告訴我所有其他地方的事情。我想要了解為什麼所有事情都各就其位彼此聯繫。譬如說，在羅馬人抵達不列顛和一千年後的哈斯廷斯（Hastings）戰役之間，難道就沒有任何值得學習的嗎？

因此，我決定花時間來書寫歷史，尋找能夠比我小時候學到的更好方式以解釋過去的各種關聯。我從學者和作者那裡得到了許多幫助，他們之中有很多人都生活

在好幾百年以前，甚至在一些案例中他們是數千年前的人。一個非常重要的人名叫費迪南‧馮‧李希霍芬（Ferdinand von Richthofeng，他的侄子後來成了一戰時著名的戰鬥機飛行員「紅男爵」）。李希霍芬思索了很久，才想出一個可以描述連結亞洲、歐洲和非洲的網絡的名詞。他本可以選擇任何一種在數千英里路程中運送的商品和貨物來為它命名——例如紡織品、香料或是陶瓷器；他甚至可以選擇一些和語言、旅行或是生物有關的名詞。但他最終選了一個能夠抓住其他學者想像力的名詞——這個名詞變成了一直流傳至今的名字：絲綢之路。

絲綢之路並沒有一個起點或是終點，因為它們實際上根本就不是真正的道路。它們是一個聯繫網，允許各種貨物、人和思想觀念，同樣也有疾病和暴力從東向西，或是自西向東流動；從中國的太平洋沿岸和俄羅斯，一直到歐洲的大西洋沿岸和非洲，以及從北方的斯堪地那維亞到南方的印度洋。你甚至可以把絲綢之路想成是世界的中樞神經系統，它們將所有器官聯繫起來；或是想像成血管和動脈，它們給心臟帶來氧氣和排出二氧化碳。想要了解身體的話，你需要看皮膚下面的東西，你也需要看作為一個整體的全身是如何運作的，而不是只看身體的某個部分。

在這本書裡，我們將去探訪你可能從來沒聽說過的地方。有些地方已經消失不見了：坐落在今日土庫曼的梅爾夫（Merv），曾經是一個又大又美麗的地方，它曾被稱作「世界之母」。這座壯麗的城市在八百多年前因為戰爭被毀壞，從未再恢復。

有些地方則已經變了樣子。今日，喀布爾因為是受戰火摧殘的阿富汗首都而為人所知，但是在五百多年前，這個城市裡的花園在幾百英里外都名聞遐邇。在伊拉克的摩蘇爾（Mosul），這是一個最近才被 ISIS 毀掉的城市，他們給這裡的居民造成了巨大的痛苦，被當作人肉盾牌。然而在大約一千年以前，摩蘇爾因為輝煌的公共建築、澡堂和工匠而出名，這裡的工匠可以做出世界最好的箭、馬鞍和馬鐙。

> 喀布爾因為是受戰火摧殘的阿富汗首都而為人所知，但是在五百多年前，這個城市裡的花園在幾百英里外都名聞遐邇。

有些人會告訴你我們生活在一個艱困的時代，可能有時候的感覺的確如此。但是事實上，這是有史以來最好的時候。旅行從未如此容易，你可以比任何一個祖先更便捷地從世界的一端移動到另一端。以健康來講，人們已經取得了一些令人驚訝的進展，例如產婦和新生兒的存活率，或是人們對清潔用水的取得。

兒童能夠讀寫的狀況也比之前任何一個時代更好。我們

能夠比人類社會上的任何一代人更快、更便宜地找到我們要的東西。我們有無與倫比的移動自由、學習自由和生活自由。這樣的東西不會讓你感覺好像擁有了超能力。但是你的確如此。

在那麼多年以前，我在臥室的地圖上展開了一段長長的旅程。我現在仍然喜歡看地圖，盯著那些我所知不多的地方，並試著能對它們有更多了解。我希望這是我們所有人都能夠做的事情。

想理解今天和明天的世界，你需要理解昨天的世界。為了做到這件事，啟程的最好地方就是在最初之時。碰巧的是，這意味著要從絲綢之路開始說起。

我們擁有無與倫比的移動自由、
學習自由和生活自由。

——彼德・梵科潘

11

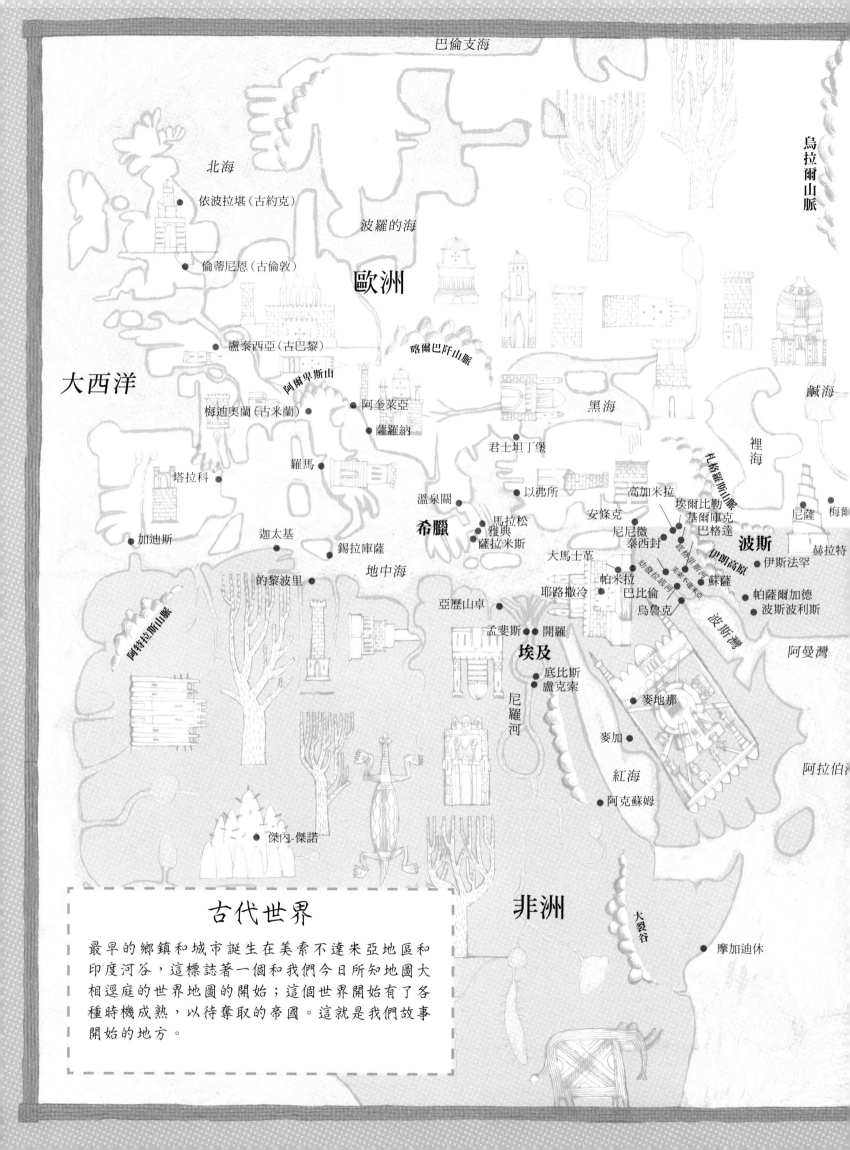

巴倫支海

烏拉爾山脈

北海

依波拉堪（古約克）

波羅的海

倫蒂尼恩（古倫敦）

歐洲

大西洋

盧泰西亞（古巴黎）

喀爾巴阡山脈

阿爾卑斯山

鹹海

梅迪奧蘭（古米蘭）

阿奎萊亞

黑海

裡海

薩羅納

君士坦丁堡

札格羅斯山脈

尼薩

梅爾

羅馬

以弗所

高加米拉

埃爾比勒

塔拉科

安條克

基爾庫克

溫泉關

巴格達

尼尼微

希臘

馬拉松

泰西封

伊朗高原

伊斯法罕

加迪斯

迦太基

雅典

底格里斯河

波斯

赫拉特

錫拉庫薩

薩拉米斯

幼發拉底河

貝希卡頓米恩

蘇薩

地中海

大馬士革

帕薩爾加德

的黎波里

帕米拉

耶路撒冷

巴比倫

波斯波利斯

亞歷山卓

烏魯克

波斯灣

阿曼灣

阿特拉斯山脈

孟斐斯

開羅

埃及

底比斯

盧克索

麥地那

尼羅河

麥加

阿拉伯

紅海

阿克蘇姆

傑內-傑諾

非洲

大裂谷

摩加迪休

古代世界

最早的鄉鎮和城市誕生在美索不達米亞地區和
印度河谷，這標誌著一個和我們今日所知地圖大
相逕庭的世界地圖的開始；這個世界開始有了各
種時機成熟，以待奪取的帝國。這就是我們故事
開始的地方。

亞洲

阿爾泰山

喀什葛爾

敦煌

薊縣

赭石／石國（古塔什干）

撒馬爾罕

安陽

中國

漢陽（首爾）

巴爾赫

開封
鄭州

長安

洛陽

京都

大阪

喀布爾

白沙瓦

喜馬拉雅山脈

合肥

建康
蘇州

坎達哈

哈拉帕

成都

杭州

穆爾坦

印度河谷

摩亨佐-達羅

巴特那

拉薩

東海

瓦納瓦西

鄔闍衍那

廣州

太平洋

印度

琅勃拉邦

河內

亨比

蒲甘

南海

孟加拉灣

坦賈武爾

馬杜賴

暹粒

阿努拉德普勒

印度洋

巨港

雅加達

第 1 章

古代世界之路

❋

　　亞洲的心臟地帶是文明誕生的地方。在古代的美索不達米亞，沿著偉大的底格里斯河和幼發拉底河的河岸，以及沉浸在印度河谷的地方，出現了人類已知的最早鄉鎮和城市。從河岸滲出的充足水分，對於把城市建造在那裡的居民來說是至關重要的；在美索不達米亞的尼尼微（Nineveh）、烏魯克（Uruk）的居民，和印度河谷的哈拉帕（Harappa）和摩亨佐—達羅（Mohendro-Daro）的居民，水使他們精神振作、潔淨、健康。水對於農作物的生長也十分重要，在河岸邊，有肥沃的農田。

　　並不令人意外的，有許多人相信人類本身就是在美索不達米亞肥沃的農田裡被創造出來的（美索不達米亞的字面意思是「兩河之間」）。

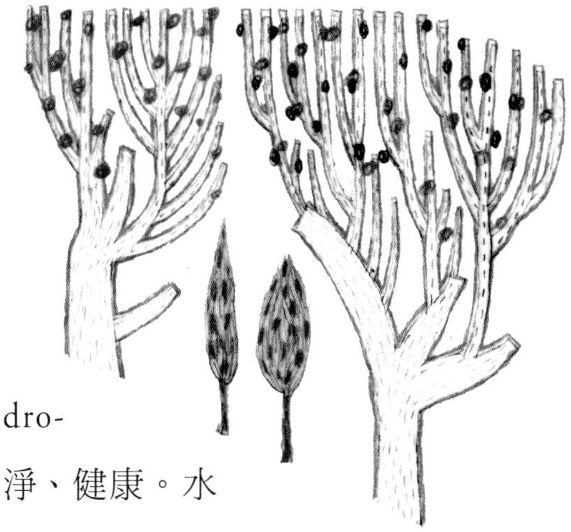

　　很多人都相信伊甸園就位於此處，「神在這裡種下的每一棵都賞心悅目，而且可以做佳美的食物」。對豐收的田地和繁榮的城市加以控制，

可以讓國王施行統治並且建立起帝國。

　　然而，他們的統治者也知道，如果想要讓帝國持久，他們不但需要秩序，而且需要良好的組織。法律和秩序非常重要，而且不出人所料的，人類歷史上一些最早的法律就是在亞洲的心臟地區記錄下來的，比如巴比倫國王漢摩拉比在四千年前頒布的法律。古代世界的人們很聰明：他們修建了道路系統，讓郵政可以快速穿越數百英里的遙遠路途；官方還確保消費者不會被商人狠狠地訛詐並能得到合理的商品。在亞洲腹地的各個地方，徵收合理稅收的行為不僅順利，而且（通常是）公平的。

　　不用懷疑的是，在古代世界所有的帝國中，最偉大的帝國就是波斯。波斯帝國坐落在亞洲正中央，版圖延伸至地中海和喜馬拉雅山之間的各個方向。像波斯波利斯（Persepolis）、帕薩爾加德（Pasargadae）、蘇薩（Susa）這樣的城市裡妝點著輝煌的建築物，展現著居民的富有和國王的權力。波斯人以良善對待他們的臣民而聞名，而且他們總是願意嘗試新東西——這包括接受新的時尚、引入新食物和擁抱新的奢侈品。他們是願意傾聽、學習和改進既有事物的人。

不用懷疑的是，在古代世界所有的帝國中，最偉大的帝國就是波斯。

　　他們也是令人膽寒的敵人，在這件事上，希臘人在他們著名的馬拉松、溫泉關（Thermopylae）和薩拉米斯（Salamis）戰役中知曉得最清楚，在這些戰役中，希臘人讓波斯人無法再進一步擴張他們的帝國。最終，在亞歷山大大帝的時候，一切都翻轉了過來。亞歷山大大帝被多數人認為是史上最傑出的將軍，他在埃及征服了波斯軍隊，隨後在今日伊拉克的高加米拉（Gaugamela）摧毀了一支前來阻擋他的波斯大軍。在勝利之後，他開始向亞洲的心臟進行一場無與倫比的遠征，他拿下了一座又一座的城市，他沿路修建新的城鎮、道路和堡壘來保護他所得到的勝利果實。亞歷山大知道，善待當地人民十分重要。他告訴手下的人們：「當地人的忠誠將讓我們的帝國永久和穩定」。就這樣，在他於西元前 323 年正值三十二歲死去時，他已經成為了世界心臟的主人，俯瞰著朝各個方向延伸的領土。

　　亞歷山大的前進推動了東方和西方聯繫的加深。已經開始向各個方向湧動的貨物、

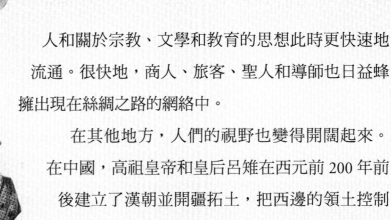

人和關於宗教、文學和教育的思想此時更快速地流通。很快地，商人、旅客、聖人和導師也日益蜂擁出現在絲綢之路的網絡中。

在其他地方，人們的視野也變得開闊起來。在中國，高祖皇帝和皇后呂雉在西元前 200 年前後建立了漢朝並開疆拓土，把西邊的領土控制在手中。不久後，偉大的歷史學家司馬遷開始收集關於貧瘠的沙漠和位於現代中國西部邊境的險峻高山之外的世界的資訊。他也將目光投向從黑海一直到太平洋沿岸看起來無邊無際的平坦草原。司馬遷在西元前二世紀給朝廷的彙報，記錄了他對星星點點遍布在中亞的繁榮市場的驚嘆，「有各種各樣的商品都在這裡交易買賣」。

大多數的貿易都發生在城鎮與城鎮之間，以及當地不同的社群之間。但是稀有的、異域珍奇的商品，例如寶石和珍珠、香料，甚至食品（例如黃瓜、開心果和桃子）的價格則十分昂貴，並能帶來高額利潤，讓這樣遙遠又艱險的旅程變得值得。

商品是利用駱駝商隊運送的，但是正如穿越中國西部沙漠的路線沿途的骨骸所展現的，酷熱、缺水，連同定期出現的沙暴，證明了它們足以讓人送命。

亞歷山大大帝被多數人認為是史上最傑出的
將軍——他是世界心臟的主人。

　　在貿易商品中，最重要的就是絲綢，這是一種精美又難以生產的材料，是用吃桑葉的蠶所結成的繭製成。絲綢的貴重不只因為它能顯示出穿著者的財富和地位，同樣也因為它有時被用來代替貨幣。

　　在游牧的部落中，絲綢尤其受到歡迎。這些部落夏天和冬天住在草原上，從事綿羊、馬匹和牲畜交易。在中亞培育出來的馬十分受歡迎，尤其是在中國，人們喜愛中亞馬匹的強壯。這些馬奔跑的速度飛快，以至於有些人說牠們是龍的後代。有些馬甚至變得十分有名，而且成為詩歌、雕塑和繪畫的主題。馬匹是如此受到珍愛，甚至有一位統治者下令，在他死去後將他的八十匹愛馬隨他一同下葬。

　　然而，游牧民族有非常駭人的名聲。有一群人名叫匈奴，這些人據說吃生肉、飲血。一位作者說過，這些人實在是「遭天所棄」。人們這麼害怕他們的一部分原因是，他們有和城市居民或在土地上勞作的農人不一樣的生活方式，也因為他們會成群結隊地攻擊或威脅鄉鎮和城市。因此人們常常用巨額價錢來買通他們——有時候是用大量絲綢。

　　由於絲綢之路把更多人更緊密地聯繫在一起，也讓人們之間的接觸變得更頻繁，最終形成了一個像我們今天查閱護照的海關一樣的機構。在兩千年以前，中國提出了一種

保存所有抵達邊境旅客紀錄的系統。這些紀錄包括他們來自什麼地方、帶著什麼貨物，以及何時抵達、何時離開等信息。這個制度允許中國官府能夠正確地計算要從過路者那裡收取多少稅金，並且能獲得什麼人在什麼時間、什麼地點出售或購買什麼東西的知識。中國人收集來自遠方的資訊，收取遠至地中海和羅馬帝國的彙報，中國人知道羅馬帝國的居民，據說那裡的人身材高大、英俊，而且富有。

在羅馬人那裡，他們也做出很多努力來尋找關於路線、城鎮和住在亞洲的人民的資訊；據說，他們甚至遣送使者到遠至中國本地的地方。而且絲綢在羅馬帝國也變成財富的象徵，即使有些人抱怨絲綢昂貴，而且是從帝國以外來的（這意味著羅馬人的錢進入到別人手裡）。還有人認為絲綢會緊貼身體，而且羅馬的女士們應該少花一些時間琢磨她們的衣著打扮。

但是，貿易跨越大陸的規模是巨大的，不只是絲綢，還有銅、金、乳香和一種來自中亞名叫青金石的藍色類寶石。在亞洲脊梁周邊，通過波斯灣和紅海到達亞洲脊梁周邊各地的主要道路沿途都有繁榮的城市，在像尼薩（Nisa）、巴爾赫（Balkh）、長安和帕米拉（Palmyra）這樣的地方，有恢宏的建築物拔地而起，在美索不達米亞和伊朗高原等

地，出現了數不清的新城鎮。住在這些地方的國王和統治者手中的權力隨著它們的財富一起增長，他們能建造出恢宏的宮殿，並且確保他們的國土能夠得到良好的管理：在千年的歷史長河中，人們已經明白公正和良善的行政是穩定和成功的關鍵元素，在這個時期也不例外。

雖然兩千年以前的世界並不總是和平的，在絲綢之路沿線的不同國家之間和內部常常會出現競爭，當時有緊密的聯繫將亞洲、歐洲和北非聯繫起來。錢幣和物品，例如有裝飾的銀碗，就從羅馬一直旅行到了遠東，同時來自亞洲遙遠絕境的產品和原料也被帶到地中海。

印度的作者評論了穿越海洋的「漂亮大船拍打著白色浪花」，帶來了來自遠至羅馬的商人，他們想要在起身返航之前購買胡椒。北非工廠中出產的用來烹飪和儲藏的陶罐

印度的作者評論了穿越海洋的「漂亮大船拍打著白色浪花」，帶來了來自遠至羅馬的商人。

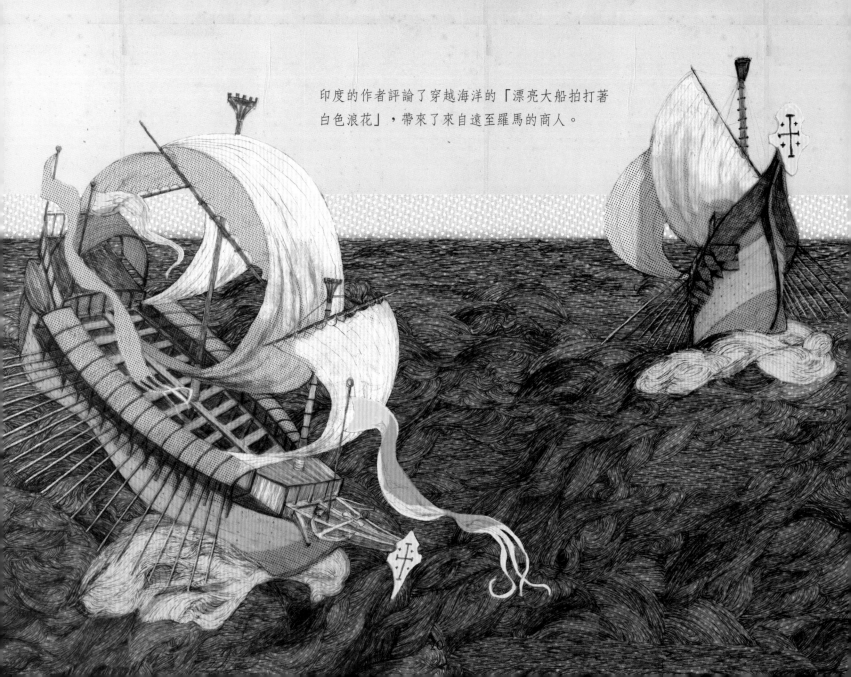

跨越了數千英里，來到今天蘇格蘭的地方。還有繁忙的貿易活動，是購買來自波斯的釉面陶瓷，這些陶瓷製品是由位於今天的斯里蘭卡、東南亞和中國的船隻運輸的。

　　古代世界可能比我們以為的樣子更複雜和聯繫緊密，而且與今天的我們相比，許多個世紀以前的祖先對於人、地方和稀奇事物的好奇心也一點都不比我們少。這在絲綢之路上，以及在像是中美洲的奧爾梅克（Olmec）和馬雅人，或是在撒哈拉沙漠以南的非洲，於兩千多年以前興盛在廣闊的領土上的掃人（Sao）和說班圖語的人們（Bantu-speaking peoples）來說都是如此。在今天，科學和技術的發展已經改變了我們能夠旅行和貿易的速度，讓我們能夠比有史以來任何時候都更迅速地學習更多關於其他大陸上的知識。你可能常常聽到全球化被當作是一件新事物來談論，但它實際上一點也不新。

第 2 章

信仰之路

商品就像是流淌在把太平洋和地中海與中亞、印度、波斯灣連接起來的絲綢之路動脈中一樣，思想和觀念也以同樣的方式流通著。這其中最強大的觀念就是那些和神有關的觀點：人們試圖理解神的角色，生命的起源和意義，以及人類和自然以及人們彼此之間的聯繫。這是真正重要的問題。

信念和信條、神和教派、祭司和當地統治者全都彼此競爭。在古代世界的各個社會當中，人們渴望得到關於日常事物和超自然現象的解釋，信仰給一系列的問題提供了解決方案。為什麼會發生乾旱？為什麼一個被愛的人會死去？為什麼應該要好好善待鄰居？

有很多的選項可供選擇。例如印度教、耆那教和佛教，這些源自印度的宗教沿著絲綢之路擴散開來，和祆教、摩尼教這些源自波斯的宗教展開競爭。從更西邊的地方還傳來了猶太教和基督教，還有後來的伊斯蘭教。

宗教的分量特別重大。戰場上的勝利被看作是來自

上天庇佑的明證。這樣的等式既簡單又同樣有力：一個取悅了正確的神或者眾神的社會，就會有好日子過；那些過倒楣日子的社會則是崇拜了假偶像——而且注定要遭受後果。

信仰並不只是彼此競爭，也相互學習和借用。比如說，在亞歷山大大帝和他的軍隊統治時，從希臘帶來了他們的宗教，並且在整個亞洲腹地修建神廟。這反過來給佛教徒造成挑戰，他們之前自印度北部開始的傳教十分成功。突然間，他們發覺自己受到新宗教、新習慣，以及越來越普遍的希臘神祇圖像和雕塑的威脅。

佛教徒被迫做出改變。在最基本和最傳統的形式上，佛陀的教誨本是簡單且直截了當的——關注的是以個人、靈性的方式達到平和（涅槃）的旅程。但是面對新來的希臘宗教，佛教徒也建造起自己的聖壇和寺廟。他們建起佛陀的雕塑，並漸漸開始鼓勵人們不要把自己的宗教生活放在私底下，而是要一同慶祝他們的信仰——並且要有音樂伴奏。競爭強迫彼此做出回應、改變和創新。

佛陀的教誨本是簡單且直截了當的——關注的是個人、靈性的方式達到平和的旅程。

這樣的辦法證明很有效。在大約西元一世紀時，多虧了僧人、旅客和最重要的——粟特商人的關係，佛教沿著貿易路線的傳播飛快加速。這些商人進行長途旅行，深入亞洲腹地從事和中國的高價商品貿易。有些人甚至把他們的名字刻在沿路的石頭上，並且配上佛陀的圖像，以期待他們的旅程安全又有利潤。

佛教的傳播催生出引人驚嘆的建築紀念物，例如圍繞在喀布爾周圍的四十座修道院，其中一個有大理石牆壁、金門和用結實的白銀做成的地面。石窟修道院建築群也在中國西部出現，例如在敦煌和克孜爾之類的地方，你可以在那裡看到禮拜用的大廳、冥想空間和廣闊的居住空間。隨著時間演進，巨大的雕像從山崖中鑿出來。在今天阿富汗的巴米揚（Bamiyan）山崖中雕鑿出的巨大佛像，給過路人留下深刻印象。當時有些著名的僧人，例如法顯，他從中國啟程穿過中亞，來到今天位於尼泊爾境內的佛陀出生地。他繼續向印度走，在那裡他驚訝地發現印度人和印度教的成熟和興盛，隨後他掉頭

佛教的傳播催生出引人驚嘆的建築紀念物，例如圍繞在喀布爾周圍的四十座修道院。

南向，坐船到斯里蘭卡，之後再回到家鄉。

佛教不是唯一在絲綢之路沿線傳播和做出適應的宗教。當耶穌基督的追隨者和他的教誨從巴勒斯坦進入亞洲各地，基督教也獲得巨大成功。過沒多久，就有基督徒社群居住在東方城市，例如在今天伊拉克境內的摩蘇爾（Mosul）、巴士拉（Basra），後來在今天的斯里蘭卡和中國都有基督徒社群，住在東方城市裡的基督徒數量已經非常多，以至於他們需要主教的管理，還需要神父來主持信徒事務。雖然我們認為基督教和歐洲大陸關係緊密，但是基督教在亞洲和北非也有大量的追隨者，例如埃及這樣的國家直到今天仍然有大量的基督徒人口。

宗教的傳播並不會受到所有人的歡迎——因為總是有幾家歡樂幾家愁。有一些拉比和其他接受了猶太教的人不同，他們把那些改信的人比作發癢的惱人疤痕。然而，這樣的態度並沒有阻止猶太教在阿拉伯半島南部的傳播，在這裡的一個地區，人們接受了猶太教，包括他們的統治王朝，都變成了猶太人。

宗教的傳播並不會受到所有人的歡迎。

關於宗教的爭論，在強大的薩珊（Sasanians）帝國裡最能讓人感受明顯，這個帝國由一個實力超群的王朝統治，他們控制著古波斯的許多領土（和更多的其他地方）。在薩珊帝國裡，主要的宗教是祆教，在這個宗教中，世界被分成善和惡，光明和黑暗，秩序和混亂。其他宗教信仰取得的進展，讓祆教祭司卡提爾（Kirdir）感到不快，他帶領了一場對基督徒、佛教徒和印度教徒還有猶太人等等的瘋狂迫害。他對自己的成功感到非常欣喜，並且紀念他的暴力成就，他的勝利銘文我們今日仍然能夠看到。

當基督教取得的進展把薩珊帝國周邊的王國變成基督教王國時，薩珊人感受到威脅，因為他們擔心基督教進一步傳播。亞美尼亞（Armenia）是他們擔心的地方之一，尤其是當他們的國王梯里達底（Tiridates）在遭遇了一件事情之後。據說，這位亞美尼亞國王被變成一頭長著豬鼻子和獠牙的豬，赤身裸體地在曠野中遊蕩。聖格里高利（St Gregory）治癒了他，結果他皈依了基督教。還有另一件事。當羅馬的皇帝君士坦丁在

君士坦丁大帝看到天上有一個十字架，
十字架上的字說他將會征服一切。

一場戰役之前抬頭看太陽時，他很快就看到天上有一個十字架，十字架的後面有些字，上面說如果他皈依基督教的話，他將會征服一切，他立即照做並（幸運地）獲得戰役的勝利。君士坦丁是一個新信仰的熱情推動者，他監督著基督教的尼西亞信經——這是直到今日仍在使用的基督徒信仰的宣示。在君士坦丁統治的末期，他開始思考如何能把基督教傳播到羅馬的邊界以外去。他甚至給薩珊國王寫了一封信，告訴他要保護那些居住在「他最好的省分」裡的基督徒，否則將面臨後果。這是一個強烈的訊號，它的反響將是巨大的。

長久以來，羅馬一直是東方的薩珊帝國的大敵，雙方時常發生激烈的戰鬥。僅僅在幾十年前才發生一場糟糕的攻勢，導致皇帝瓦勒良（Valerian）——君士坦丁的一個前任皇帝遭到俘虜。對瓦勒良的懲罰，就是讓他在餘生中當作波斯國王上馬的腳凳，在他死後，他的屍體被填入乾草，並被人們興高采烈地拿來在薩珊帝國各地遊街示眾。

君士坦丁給波斯國王的信，聽起來就如同威脅一樣。在國王眼中，羅馬皇帝看起來是想在必要時以武力傳播基督教。最後，事情的結果和君士坦丁的願望正好相反：在那些想要捍衛祆教的人們慫恿下，國王「渴望聖徒的血」——並下令殺死了許多主教和神父。

宗教總是不僅僅關乎信仰。它們也關乎政治和成功。在日子過得好的時候，寬容並和那些持有不同觀點、習俗和生活方式的人很容易和睦相處。但是當時局艱難的時候——也許是因為氣候變化、經濟動盪或軍事威脅——少數族群總是最先倒楣的人。找到辦法來協作、和諧共處，可以是——而且仍然是——出乎意料地困難的一件事。

❖　❖　❖

第 3 章

混亂之路

　　君士坦丁大帝還有別的事情需要煩惱。羅馬人已經建立了一個輝煌的帝國，它包括北非的富庶省分和埃及，以及大部分的歐洲。之前的羅馬統治者一直以來都認定，留意在東方發生的事情是非常重要的。這裡是威脅和挑戰的來源，但同樣是機遇來臨的地方——從貿易、合作以及思想交換中。君士坦丁想做出更進一步的行動。在西元 324 年，他計畫在歐洲和亞洲交會的博斯普魯斯海峽岸邊建造一座新城市。

　　這座城市被稱為新羅馬。它是被設計來和帝都（羅馬）的輝煌相提並論的，有巨大的宮殿建造起來，有渡槽各就其位給城內的居民提供用水。一個宏偉的競技場也建造了出來，在這裡會舉行馬車競速——這是一項遠遠比不上包括角鬥士相互廝殺在內的傳統羅馬競技項目那麼血腥的活動。有些人嘲笑這個新羅馬的元老院成員，他們遠不及之前的成員出身顯貴，如今的成員包括鐵匠的兒子、浴室夥計，甚至是做香腸的工人。但是很快就一目了然的是，這座城市就像羅馬本身一樣重要。過沒多久，它就以城市建立者的名字——君士坦丁來命名了，這座城市成了君士坦丁堡。在今天，這座城市以伊斯坦堡的名稱為人所知。

　　這座城市面對的第一個真正挑戰，並不是像人們預料之中的來自於薩珊人，而是來自別處。在西元四世紀中葉前後，一段氣候變化期導致海平面上升，造成疾病傳播，改

變了從黑海北端延伸至中國太平洋沿岸的平地草原帶上的植被狀況。新環境為草原部落各區塊被統一起來鋪平了道路。有個部落成了草原霸主，他們擊敗了所有面前的對手。這個部落名叫匈奴。

在西方，人們將他們稱為匈人（Huns），他們已經讓中國人魂飛魄散了。但是現在，他們開始讓其他人也聞風喪膽。甚至連他們的穿著打扮都讓人害怕：他們身穿縫合在一起的田鼠皮，吃草根和生肉，只是將肉放在兩腿之間溫一溫就吃。據說他們會在男嬰降生後在他的臉上割出傷疤，以免日後長出面鬚。有些人說他們在馬背上的時間太久，讓他們的身形發生變化，看起來就像是以後腿站立的動物。「他們的舉止像狼」，一個作者這樣記載，而且他們對偷竊和殺戮十分拿手。

匈人所到之處都一片狼藉。中國一座座的城市被毀掉，一名粟特商人在家書中寫道。「生意賺不到利潤，能活下來就是奇蹟了。」當匈人一路向西，波斯的許多城鎮因

他們身穿縫合在一起的田鼠皮，吃草根和生肉，只是將肉放在兩腿之間溫一溫就吃。

為居民逃離而傾頹。有些人甚至越過多瑙河，進入羅馬領土以尋求庇護。

形勢變得如此糟糕，這讓羅馬皇帝和波斯國王決定把彼此的對立放在一邊，展開合作來抗擊匈人，以免受到更進一步的破壞。在裡海附近，他們修建了高大的新圍牆，工程花費由兩個統治者共同支付，並且由兩個帝國的士兵合力把守。兩國關係變得如此緊密，以至於一個皇帝甚至把波斯國王指認為他兒子和繼承人的監護人。

雖然這堵牆十分堅固，但是其他地方則是亂作一團。更多的部落湧入了西歐並向羅馬進發。在西元 410 年，一名部落領袖席捲了這座偉大的城市。「這怎麼可能呢？」聖耶柔米（Saint Jerome）在聽到這個消息後寫道，羅馬「已經征服了全世界，如今卻被征服了……誰會相信呢？」剩下的羅馬西部省分的遭遇也不遑多讓，他們被哥德和汪達爾這樣的部落蹂躪。彷彿這還不夠糟糕，匈人隨後在歐洲現身了，指揮他們的是凶殘的領袖阿提拉（Attila）。匈人阿提拉（人們這樣稱呼他）在接下來的十五年內主宰歐洲，從君士坦丁堡身上壓榨出巨額賄賂和贖金後離開了人世——儘管君士坦丁堡堅固的城牆依然傲視挺立著，阿提拉因為醉酒和筋疲力盡而死，他的過度縱欲是主要原因。「這是個恥辱的死法」，一個當時的歷史學家這樣寫道（但是這位歷史學家忘了提及阿提拉不再威脅帝國的剩餘部分，這件事對他來說是多大的一個解脫）。

羅馬帝國的西半部陷入了要花幾百年才能恢復的混亂。遠距貿易和旅行全都停止；人們不再用石頭建造房子——甚至不再能讀書和寫字。為什麼神要允許這樣的事情發

生？有些人提出了疑惑。答案很明顯：人類已經犯罪，神在懲罰他們。

然而，在帝國東半部卻發生不同的故事，在那裡，一切不但恢復如常，甚至還開始興旺起來。在歐洲、北非和亞洲之間的貿易又重新繁榮起來，伴隨著貿易的進行，令人驚訝的建築工程也即將完成，例如君士坦丁堡雄偉的聖索菲亞大教堂。在波斯，獨創一格的新工程計畫得到應用，農業規模也得到擴大，在中亞的心臟地帶，令人驚嘆的宮殿建築群也修建起來。

在東方，大部分的貿易都控制在粟特人手中，他們是跟隨由駱駝組成的商隊到處旅行的中間商，他們運送包括香料、貴重金屬和紡織品——尤其是絲綢——在內的奢侈品，將它們從一個市場帶到另一個市場。商品的交換讓關於時尚、飲食、文化和信仰的觀念也得到傳播。

重要的是，貿易商想要保障他們往來行程的安全。中國人觀察到，在遙遠的敘利亞，人們生活在「幸福與和平」中，而且他們的公路以安全著稱，因為全亞洲的當政者都會確保法律和秩序能得到維持。

羅馬的城市一個接著一個陷落了。

但是和平並不長久。在西元 590 年代，波斯內部的權力爭奪在這時候引起一系列連鎖反應，平衡態勢變成混亂，最終導致和君士坦丁堡的全面戰爭。最初時，波斯看起來有明顯優勢，巨大的羅馬城市，像安條克、耶路撒冷和亞歷山卓一個接著一個陷落。到西元 626 年時，君士坦丁堡本身也處在威脅之下，看起來肯定會被攻陷。就在這個時候，歷史上最偉大的反擊戰之一上演了，君士坦丁堡的軍隊在希拉克略

在阿提拉的帶領下，匈人
攻無不克、戰無不勝。

33

（Heraclius）皇帝帶領下集合起來，獲得一連串的亮眼勝利，他們成功地把波斯人推回去。很快地，羅馬人已經收復了失地，並且看起來正準備把他們的老對手一勞永逸地徹底擊垮。在幾個月內，羅馬人的心情從絕望變成狂喜。

但是三十年無休止的衝突必定會讓人付出代價。戰爭十分昂貴，而且會讓參與戰爭的人無法從事生產，干擾了農業、貿易和日常生活。失去在軍中服役的父親、兒子和兄弟的人們垂頭喪氣、痛不欲生。而且在雙方僵持不下的時候，這給了其他人機會。一陣新的轟鳴聲即將響起，它來自南方的阿拉伯半島的深處。一個新的信仰正在誕生。

來自草原的高階級女子會穿著華麗的服裝——近年來考古學家發現了一些精彩的例子。

第 4 章

伊斯蘭之路

　　和亞洲的大部分地方一樣，在宗教和信仰方面，阿拉伯半島也是一個熱鬧的地方。這裡曾有許多關於神祇的相互競爭的思想，有包含著許多神祇的多神教，還有猶太教、基督教的一神教，到西元 600 年，這些宗教全都得到阿拉伯半島居民的重要支持。在這裡，當一場戰爭肆虐到北方時，一個名叫穆罕默德的貿易商人退到一個離麥加城不遠的山洞裡冥想沉思。

　　按照伊斯蘭傳統說法，在西元 610 年，穆罕默德開始接受到一連串來自神的啟示。他聽到一個聲音，要求他「以你的主的名義」念誦經文，在接下來的幾年，他收到一系列的啟示，這些啟示在幾十年後被寫成一部單一的文本──這就是人們所知道的《古蘭經》。

　　那個聲音不斷地告訴穆罕默德，神是憐憫、慈悲的，但是對逆神之人的懲罰也是嚴厲的。在當時，穿越阿拉伯半島和紅海的貿易已經被幾乎不間斷的戰爭狀態中斷了。穆罕默德帶來的訊息落在了肥沃的土壤上。從土地中蓬勃長出水果和糧食的許諾十分吸引人，同樣吸引人的還有天園的概念，在這裡，花園由清潔的流水滋養，酒河令飲者愉快。在另外一邊，那些拒絕神的教義的人將不只是面臨厄運和災難，而且也受責難。任何對穆罕默德的追隨者發動戰爭的人都等於是攻擊神，他們應該被釘上十字架、瘸腿或是被

放逐，最終會接受地獄中無止境的折磨。

這些教誨激起了麥加城裡的強烈反彈，穆罕默德只好在西元622年的時候逃到雅斯里布（Yathrib，後來被稱為麥地那），這件事後來被稱為「希吉拉」（hijra）或是遷徙。然而，支持者們聚集在他身邊，受到救贖的精神回報和呼籲團結的感召。雖然許多宗教都存在不同重要學者之間的爭論，但是伊斯蘭尋求拋棄任何的分歧。《古蘭經》的許多內容要求信徒的群體──「烏瑪」（umma）──要團結在一起，同時還警告彼此離心離德是撒旦的行為。穆罕默德的訊息是用當地語言傳播的，這一點也同樣重要。

《古蘭經》用阿拉伯文對眾人說：「看，這是來自上天的訊息。」穆罕默德給阿拉伯人帶來了自己的宗教，這個宗教創造了全新的認同。這是一個為當地人口設計的信仰，不管他們是部落民還是城市居民，無論種族和語言背景。這樣的團結將會成為伊斯蘭教成功傳播的一個重要因素。

穆罕默德給阿拉伯人帶來了自己的宗教。

許多人也受到隨著軍事成功一同到來的經濟前景吸引。由不信教的人們那裡得到的貨物將由信士們保有，穆罕默德說，還有那些最快皈依伊斯蘭教的人，他們得到了更好的利益分配。小規模的突襲很快就轉變成雄心勃勃的城鎮攻勢，過沒多久，向著各個方向全面出擊的阿拉伯軍隊攻陷了這個地區的所有城市。但阿拉伯半島的重要性得到了保留，禮拜儀式的方向應該面朝麥加，這是一個聖殿，據說是由亞伯拉罕（易卜拉欣）和他的兒子以實瑪利（伊斯瑪義）在麥加建造的。直到今天，麥加是所有穆斯林祈禱和朝聖的目的地。

當穆罕默德在西元630年代去世時，阿拉伯軍隊正在四處出擊，征服一切面前的敵人。薩珊帝國和羅馬帝國的偉大城市，包括泰西封、大馬士革、耶路撒冷和亞歷山卓在內，都在令人目眩的軍事成功中被攻陷。這些新來的阿拉伯主人和本來的居民保持著距離，他們在別處建立起自己的營地和定居地，讓當地的執政者和官員各就其位，處理行政工作。稅金也是按照秩序收集起來交給新的主人。

麥加是穆罕默德的家鄉和伊斯蘭教最神聖的城市。穆斯林在禮拜的時候面朝麥加的方向，並且努力在一生中至少到麥加朝聖一次。

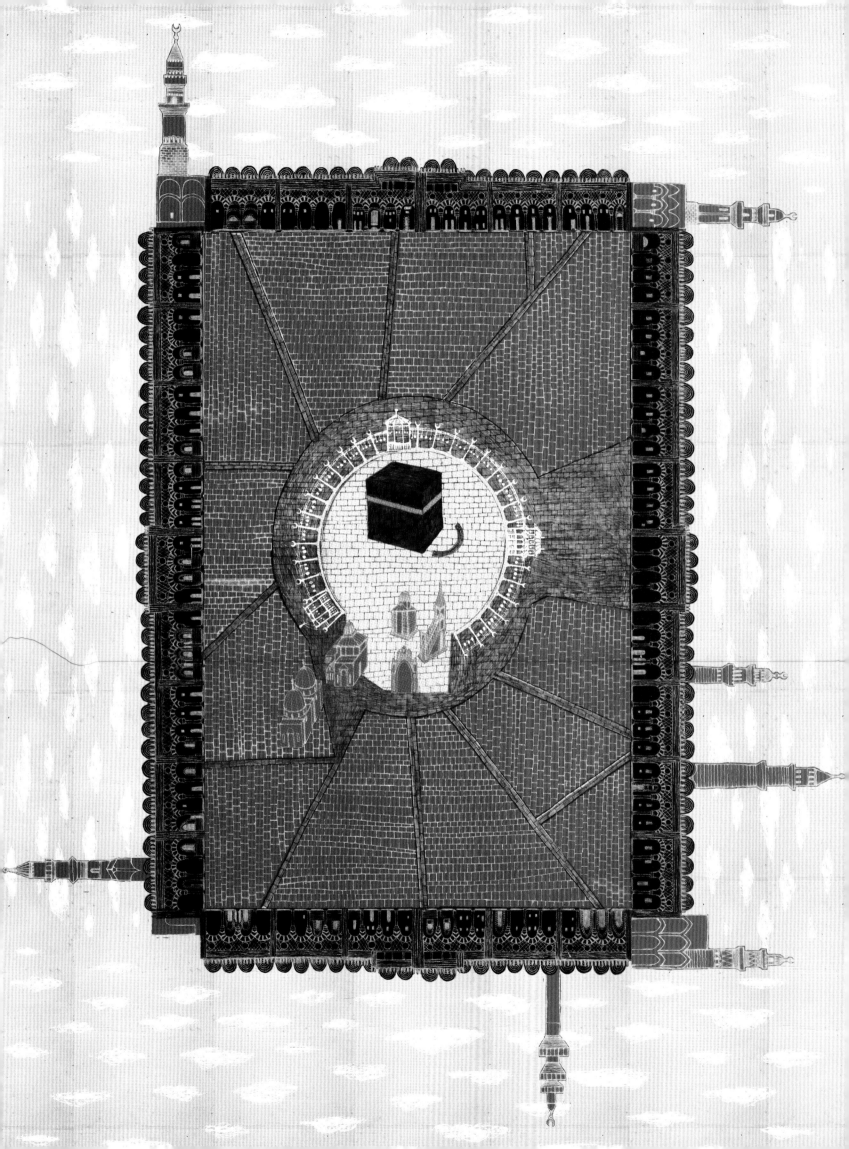

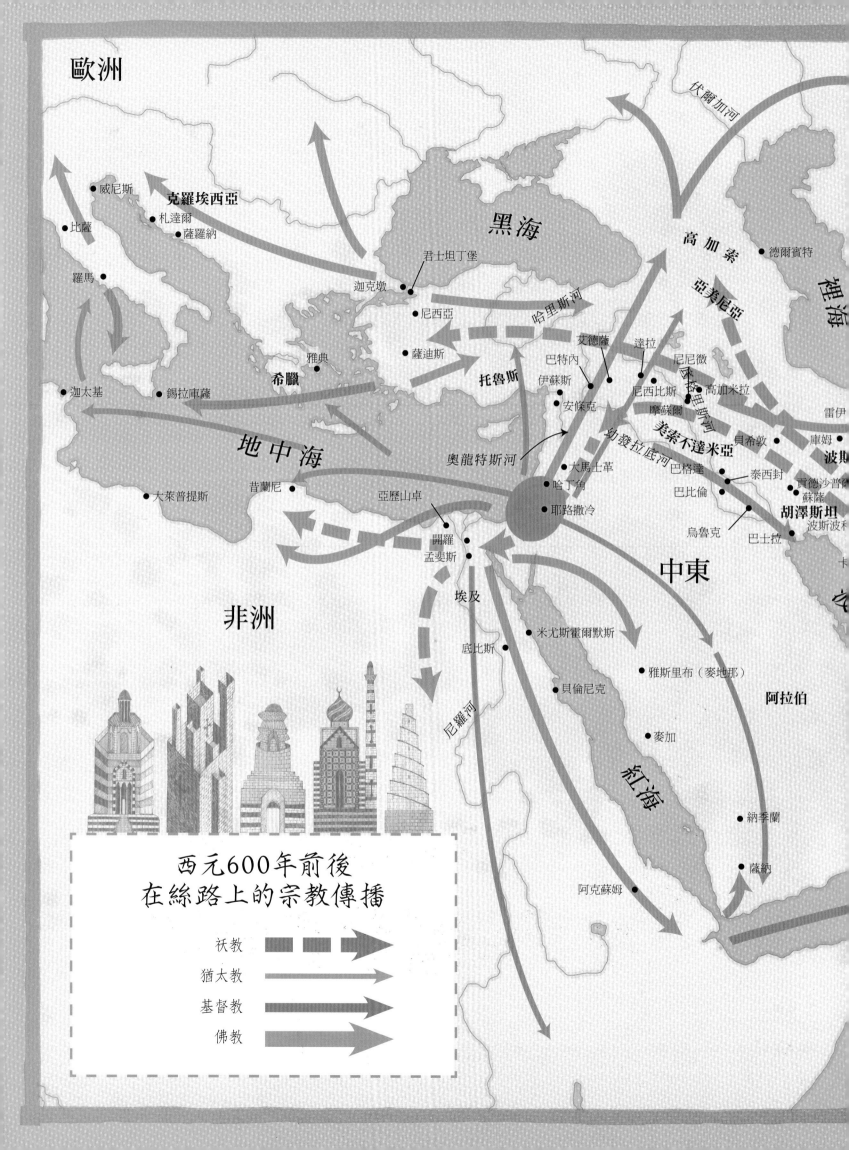

歐洲

伏爾加河

威尼斯

克羅埃西亞

札達爾

比薩

薩羅納

黑海

高加索

亞美尼亞

德爾賓特

羅馬

君士坦丁堡

迦克墩

尼西亞

哈里斯河

艾德薩

達拉

尼尼微

高加米拉

雷伊

薩迪斯

巴特內

尼西比斯

摩蘇爾

希臘

雅典

托魯斯

伊蘇斯

庫姆

安條克

美索不達米亞

貝希敦

波斯

迦太基

錫拉庫薩

幼發拉底河

巴格達

泰西封

地 中 海

奧龍特斯河

大馬士革

巴比倫

貢德沙普爾

蘇薩

哈丁角

烏魯克

巴士拉

胡澤斯坦

昔蘭尼

亞歷山卓

耶路撒冷

波斯波利斯

大萊普提斯

開羅

孟斐斯

中東

非洲

埃及

米尤斯霍爾默斯

底比斯

雅斯里布（麥地那）

貝倫尼克

阿拉伯

尼羅河

麥加

紅海

納季蘭

阿克蘇姆

薩納

西元600年前後
在絲路上的宗教傳播

祆教

猶太教

基督教

佛教

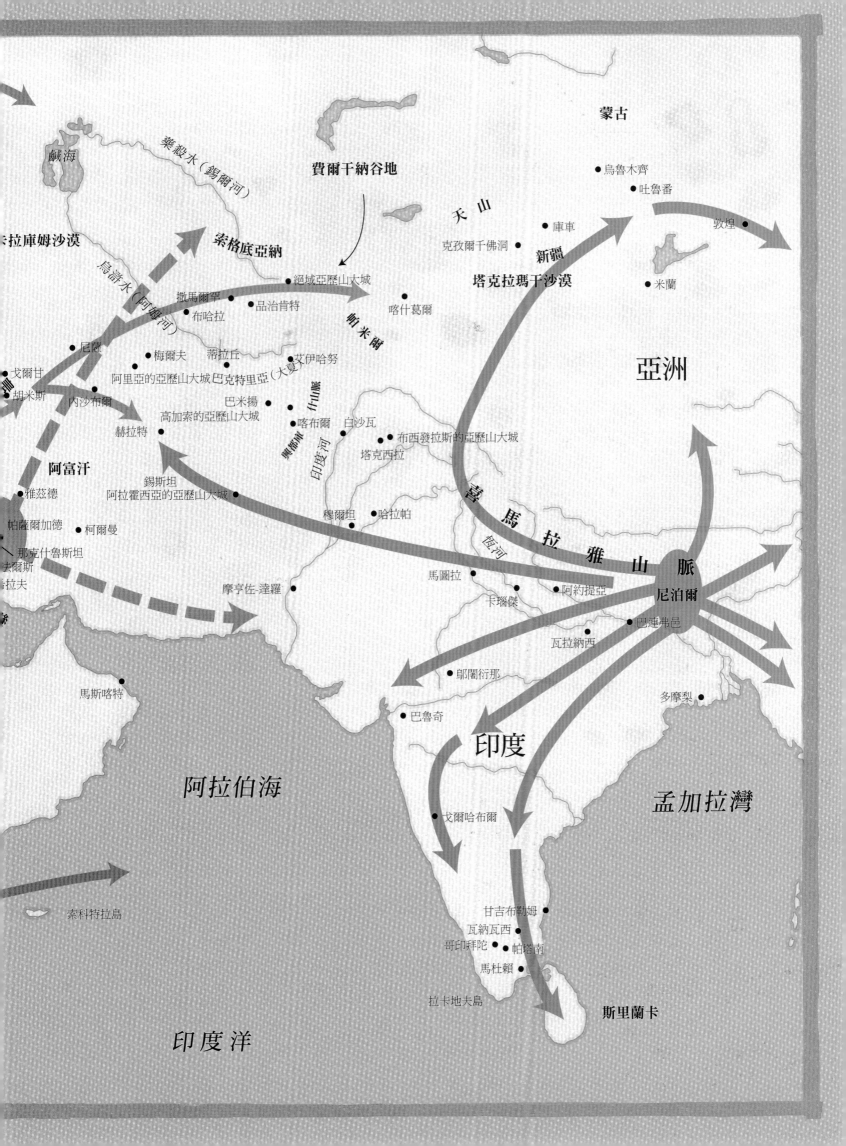

蒙古

鹹海

藥殺水（錫爾河）

費爾干納谷地

烏魯木齊

吐魯番

庫車

敦煌

克孜爾千佛洞

新疆

米蘭

索格底亞納

塔克拉瑪干沙漠

塔克拉庫姆沙漠

天 山

絕域亞歷山大城

撒馬爾罕

烏滸水（阿姆河）

布哈拉

品治肯特

喀什葛爾

帕米爾

尼薩

梅爾夫

蒂拉丘

艾伊哈努

亞洲

戈爾甘

阿里亞的亞歷山大城

巴克特里亞（大夏）

胡米斯

內沙布爾

巴米揚

什山脈

高加索的亞歷山大城

喀布爾

白沙瓦

赫拉特

喀布爾河

印度河

布西發拉斯的亞歷山大城

塔克西拉

阿富汗

錫斯坦

雅茲德

阿拉霍西亞的亞歷山大城

穆爾坦

哈拉帕

喜

帕薩爾加德

柯爾曼

馬

那克什魯斯坦

拉

雅

山

脈

去爾斯

拉夫

摩亨佐-達羅

馬圖拉

雅

尼泊爾

卡瑙傑

阿約提亞

巴連弗邑

瓦拉納西

多摩梨

馬斯喀特

鄔闍衍那

印度

巴魯奇

阿拉伯海

孟加拉灣

戈爾哈布爾

索科特拉島

甘吉布勒姆

瓦納瓦西

哥印拜陀

帕塔南

馬杜賴

拉卡地夫島

斯里蘭卡

印 度 洋

　　基督徒和猶太人在《古蘭經》裡有特殊的地位，他們被稱為「有經書的人」（這裡說的經書就是這兩個宗教的聖書《舊約》），他們沒有任何要害怕或是要後悔的。因此，早期的穆斯林領袖不僅允許教堂和猶太會堂在穆斯林征服的地方修建，而且在一些例子中甚至還幫助他們支付修建的費用。《古蘭經》中也談論像亞伯拉罕（易卜拉欣）、以撒（易斯哈格）、摩西（穆薩）和諾亞（努哈）這樣的人物的重要性，這也有助於將不同的信仰系統聯繫起來，而不是彼此分隔。在其他地方的聲明也是這樣，例如那些寫在大馬士革清真大寺外牆上的字，上面談論了瑪利亞的兒子耶穌（爾撒）是神的使者，他出生、死亡和升天的日子都應該視作是受祝福的日子。

　　然而，慢慢的，態度發生了變化。強硬的統治者受到力量強大的謀士的影響，開始對那些不是穆斯林的人不再那麼溫和；迫害和苦痛取代了寬容。改信伊斯蘭教的壓力增加了，有些老謀深算的人提出給任何在星期五參加清真寺禮拜的人贈送銀幣。讓其他人改信伊斯蘭教而付出的努力之所以越來越多，原因之一是穆斯林彼此之間開始越來越憤恨的爭鬥。隨著證明自己才是神的訊息的虔誠捍衛者的爭鬥展開，所付出的代價也越來越高。這些對立的人集聚成兩個互不相讓的論爭：認為只有穆罕默德的堂弟和女婿阿里的後代才能作為哈里發（穆斯林統治者），這些人被稱為什葉派；另一些人被稱為遜尼派，他們對什麼人能夠成為最高統治者的觀點要寬廣得多。兩組人的分裂是痛苦的，而且時常出現暴力：被指任為穆罕默德繼任者的四個人中，有三個被刺殺而死。直到今天，遜尼派和什葉派之間的對立仍然是穆斯林世界緊張關係的一個來源。

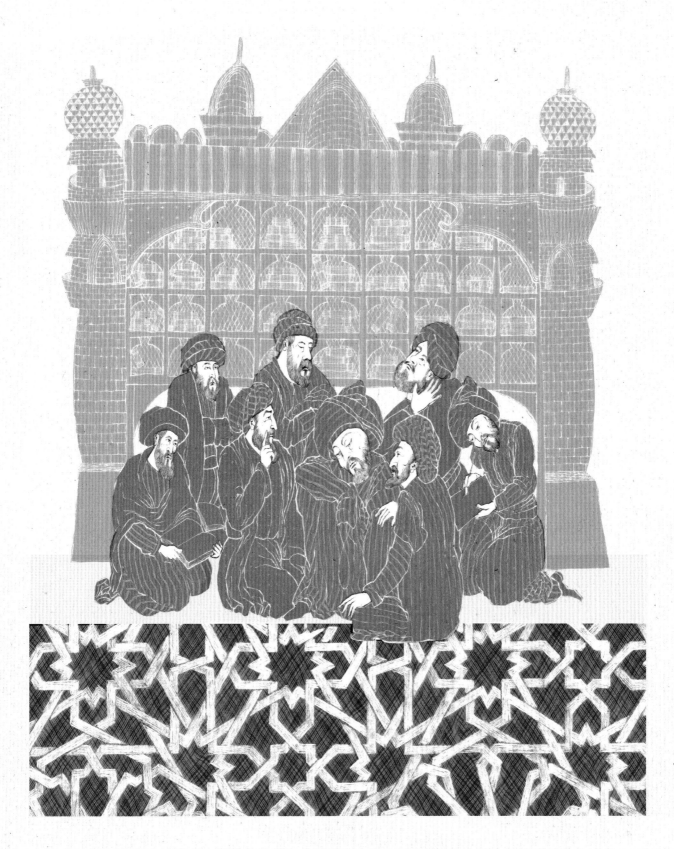

無論遠近，最偉大的學者、哲學家和藝術家都匯聚在像大馬士革、布哈拉和巴格達這樣的城市。

與此同時，隨著阿拉伯軍隊在七世紀和八世紀征服了廣闊的領土——從庇里牛斯山和西班牙到北非，從整個中東地區一直到喜馬拉雅山脈——一個新的世界秩序創造了出來。這是一個集合羅馬地中海地區和古老的波斯帝國中最富饒、最多產和最成熟的地方的世界；一個跨越三塊大陸的全新超級強權出現了。當和平和穩定終於回歸，各個城市也繁榮興盛起來。

雖然在穆斯林之間仍然有競爭時期，甚至有時候會對不遵循伊斯蘭教的人加以迫害，但是一個嶄新的世界已經出現，它本身懷抱自信，思想開放，對取得進步充滿著激

情。擁有巨額的財富和為數不多的政治或是宗教對立，這個新世界的各處都秩序井然，商人能在這裡致富，智識分子受到尊重，對立的觀點也可以討論。在麥加附近的一個不起眼的山洞裡，誕生出一個像是天下烏托邦（一個理想的社會，充滿來自不同國家和文化的人）一樣的世界。它標誌著學者、貿易商人和旅人黃金時代的開始。

　　這樣的財富和成熟完善並不會沒沒無聞：那些出生在穆斯林世界邊陲或是之外的有雄心壯志的人就像是受到花蕊吸引的蜜蜂一樣，對那些中國、南亞和甚至更遙遠地方的人來說，穆斯林世界有看起來不可抵抗的機遇和可能性。

第 5 章

智慧之路

　　一個帝國需要有個首都。雖然有很多城市競相作為伊斯蘭世界的心臟，但是有個輝煌雄偉的新都市即將成為伊斯蘭世界的脈動中心。用了數不清的資源和支出在西元八世紀時修建起來，這座城市是地球上最富裕、人口最多的城市——而且這種情形持續了好幾百年。這座城市被稱作「和平之城」（Madinat al-Salam）。我們今天叫它巴格達。

　　城市裡有點綴各處的公園、市場、清真寺和澡堂，還有學校、醫院和慈善基金會。那些「奢侈地用各種鍍金和裝飾、牆上掛著精美錦緞和絲綢掛毯」的豪宅坐落於其間。接待客人的房間「明亮又有品味，擺放著奢華的躺椅和價值不菲的桌子，有出類拔萃的中國瓷瓶和數不勝數的金銀小飾品」。沿著底格里斯河兩岸，有理想的宮殿、亭閣和花園，當時有目擊者記載：「河面上有上千條插著小旗的小船，它們就像是水面上粼粼的波光一樣搖曳起舞，載著前來休閒消遣的居民從巴格達的一端到另一端。」

　　這裡有非凡的財富。當哈倫‧拉施德（Harun al-Rashid，他在故事集《一千零一夜》中十分著名）在西元 781 年結婚時，他能夠給新娘送上一大串大到不可思議的珍珠、鑲嵌著紅寶石的長衫，並舉行盛大的宴會。他是如此的富有，以至於他甚至用金碗盛滿銀幣，用銀碗盛滿金幣，把這樣的禮物分發給那些最幸運的婚禮賓客。一個評論者說：「像這樣的場面，世間還未曾見過。」

巴格達是一座壯麗雄偉的新都市，是一個有意要設計成給人啟發和驚嘆的都城。

這座城市成了世界最大、最富有的城市之一，有公園、宮殿、市場和博物館。

富裕的人們爭相尋找錢能買到的最好東西。還有指南讀物指導人們如何買到好東西。最美味的開心果在內沙布爾，最好的馬鞍在摩蘇爾，最好的甜品在埃及，書中也提出要避免哪些商品的警告，例如大馬士革的水果淡而無味，或是耶路撒冷的商品價格太貴。書上還提出要追求合適的愛好——比如最適合有錢人和權貴的活動是打獵和射箭。

學者及其研究得到了巨大的支持。種族、宗教甚至性別都不會是那些聰慧人士的障礙，學者們自豪地把世界各個角落的資料匯聚起來。這是一段見證了科學、數學、醫學、天文學、文學和哲學方面取得重大突破的時期。有討論如何理解古希臘亞里斯多德哲學的著作，還有關於失戀原因和治癒的著作。人們興致勃勃地投入到獲取數學概念的活動中，其中就包括數字「零」的重要概念，這個概念推動了代數（algebra）和演算（algorithm）的發展，這兩個英文字都來自阿拉伯文。有些人做了開發新藥物的試驗，測試新藥是否有效，而其他人則是調查人體是如何運行的，他們要回答的問題包括：人為什麼會暈倒？或者，為什麼陷入愛情的人會感到暈眩？還有其他的科學家研究更難解的問題，例如視覺和大腦之間的關係，以及研究想像和現實之間的關聯。

即便是歐洲最有權勢的領導人也幾乎是文盲。

當穆斯林世界興高采烈地提出新觀念和創新思想時，基督教歐洲的大部分地區都籠罩在黑暗中，受制於缺乏資源和好奇心。生活在四世紀末至五世紀初的聖奧古斯丁（Saint Augustine），是最重要的早期基督教神學家和哲學家之一，他曾積極地反對探索的概念。「人們想要為求知而探索，」他尖酸刻薄地寫道，「儘管知識對他們來說並沒有價值。」在他看來，好奇心無非是一種病。

在一個相反的世界中，即便是歐洲最有權勢的領導人也幾乎是文盲——很多這樣的人根本不識字，也不會寫字。查理曼大帝是一個曾統一歐洲大部分地方的強大統治者，他在枕頭下面放了一個平板（當時平板指的可不是 iPad，而是一塊用來寫字的泥板），他這麼做是為了練習拼字。按照一個熟悉他的人的說法，他入門得太晚了；他從來不曾掌握寫草字的方法。

九世紀的解剖學和如何理解身體的運行

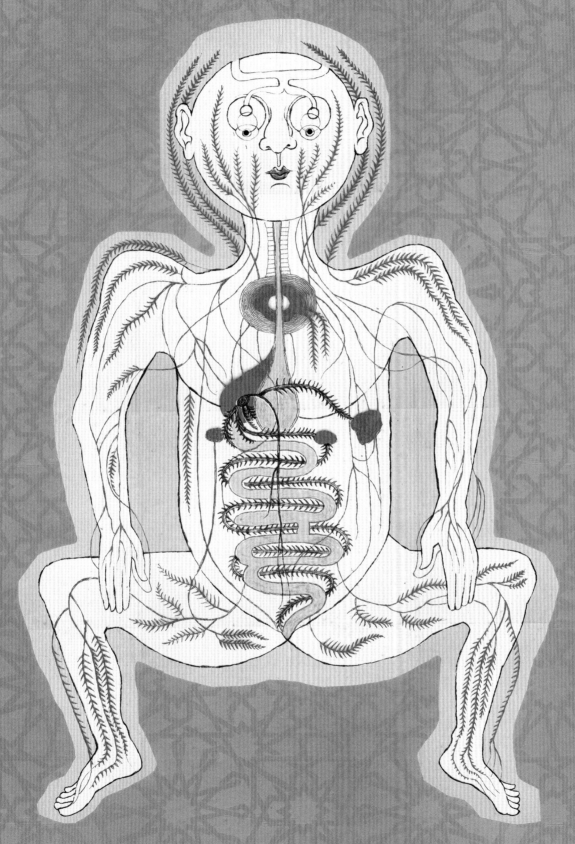

為了發展藥物和醫療，人們投入了大量精力以理解人體。最著名的人物名叫伊本·西納（Ibn Sina，或是「阿維森納」〔Avicenna〕），他不僅自己做實驗，而且還收集其他人的實驗成果。他對心臟科（如何治療心臟疾病）和如何有效地使用藥物尤其感興趣。他其他的研究還包括如何治療眼疾等等，甚至還研究如何演奏音樂來讓病痛中的患者感受好一些。

歐洲人這種對學問和學術研究的缺少興趣，讓十分尊敬托勒密（Ptolemy）、歐幾里得、荷馬和亞里斯多德等古希臘學者的穆斯林評論者感到相當困惑。有的評論者非常確定問題是出在哪裡。歷史學家馬蘇迪（al-Mas'udi）認為，古希臘人和古羅馬人曾經允許科學興盛；然後他們接受了基督教，選擇用信仰來代替知識和理性。多數的歐洲地區都是智識上的死水溝，這裡沒什麼可以向外人推薦的。正如一個作者所言，當談及歐洲人的土地時，「我們不在〔我們的書上〕討論他們，因為我們無論如何都不知道描述他們的價值在哪裡。」在過去，歐洲真的是一個無關緊要的地方。

　　然而，亞洲是重要的地方。在穆斯林世界，人們用極大的努力來研究亞洲的事物，了解亞洲的各種文化和亞洲的人民是如何生活、如何舉止的。穆斯林注意到，中國人在冬天和夏天都穿絲綢，雖然他們用紙來擦屁股的習慣被認為既令人不快又不衛生。他們也喜愛音樂和娛樂，不像那些在印度的人把這樣的場面看作是「丟臉的」。印度領導人不喝酒。這不是出自於宗教原因，而是因為他們相信如果喝醉了，「要怎樣合宜地治理國家呢？」

　　這個精彩紛呈的世界是以像巴格達、大馬士革、摩蘇爾和撒馬爾罕這樣的城市為中心，這些地方吸引來了遠近各地的貿易商人，他們雲集在顧客熙熙攘攘的市場裡。來自中國的瓷器和陶器是以非常大的數量進口的：一艘幾乎確信無疑是前往波斯灣的中國貨船在九世紀時的印度尼西亞沿海沉沒了，這艘船載有七萬件陶瓷製品，以及金、鉛和裝飾品。這代表了湧入波斯灣各港口的大量商品，它們將從這裡再銷往其他市場，有受雇的專業潛水人在港口中打撈落水的貨物，這些船隻太過忙碌，已經容不得停下來把掉落的商品找回了。

　　在九世紀時，一個造訪這裡的中國訪客對他所見的阿拉伯帝國驚嘆不已：「在這裡可以找到全天下出產的所有東西。

被送到市場裡去的手推車放著數不清的商品，那裡的商品琳琅滿目而且價格便宜。在市場各處和沿街商店裡有織錦、繡花絲綢、珍珠和其他各種寶石。」對商品的需求激發出了人們出行和貿易的欲望，同樣也刺激了從船隻設計到燒窯技術方面的進步。

這是一個高度聯繫的世界，跨越數千英里的商品、人和思想在這個世界裡容易且快速地交流。

不是所有船隻都能安全返航：大海可能是危險的深淵。

唐朝統治（618-907）的中國也正在經歷自己的黃金期。唐朝的首都長安——也就是今天的西安——有超過一百萬名居民，這裡充滿了多采生活、創新藝術和學者。這也是一個治理得井井有條的地方，法律能夠頒行和維護，確保窮人和富人都能得到公正的保護。隨著（比歐洲早一千年的）印刷書籍的發明，科學也隨之興盛，這裡生產出來的陶瓷器物令數千英里以外的人們趨之若鶩。

亞洲心臟地帶的繁榮和穩定造成的影響，可以在遙遠的地方感受到。朱羅王朝（Cholas）統治下的偉大帝國在印度南部崛起，還有在今日泰國和柬埔寨的高棉以及三佛齊（Srivijaya）——這是一個位於蘇門答臘島上的城市，它的興盛要歸功於貿易水平的提高——還有和平。在位於今天烏克蘭、俄羅斯和中亞的草原上也正發生變化，可薩（Khazar）部落在這裡建立起一個聯合各種人的聯邦，他們控制著廣闊的領土，並在上面放牧，在各種動物中最重要的是馬。他們將馬匹賣給梅爾夫、雷伊和巴爾赫等城市中的買家，這些城市拜東西之間的陸上貿易所賜，早已繁榮起來。梅爾夫是尤其興盛的一個，一個作家形容它是如此「令人愉悅、精緻、優雅、動人、廣闊和令人神往的城市」，這座城市只能用「世界之母」來描述。

隨著這些城市的擴大和繁榮，可薩人的財富也越來越多。大概是因為有如此多的穆斯林、基督徒和猶太商人蜂擁至可薩人的領土經商和居住，因此在西元九世紀時，可薩人的統治者決定是時候要考慮接受三個主要宗教中的一個來作為他們的信仰了。

他們邀請了三種宗教的學者來介紹他們的宗教，這樣的方式有點像是現代的電視競答節目，每個學者都有一輪發言的機會。在仔細傾聽之後，可薩領導人宣布「以色列的宗教更好」，因此，他決定

「相信神的慈悲和全能的力量，我選擇以色列的宗教，也就是亞伯拉罕的宗教」——換句話說，即猶太教。隨後他完成了割禮，並命令他的男性僕人和人民也如法炮製。這個消息震驚了住在世界其他地方的猶太人，有一個西班牙學者簡直不能相信他的耳朵，在亞洲腹地居然有個強大的新猶太帝國。

在東方的巨大貿易網絡裡，歐洲人要竭盡全力地爭得一個位子。一方面是因為他們能夠向熙熙攘攘的市場和絲路各地的富裕買家提供的多數貨物都不是緊俏商品。但如果是出售琥珀的話，倒是能夠賺不少錢；獵鷹和核桃也同樣受歡迎，斯堪地那維亞人出產的劍也如此。動物毛皮，尤其是皮草特別受歡迎，在俄羅斯的森林裡能找到動物皮革，將它們銷往穆斯林世界的這項生意進行得十分活躍。

但是，卻有一種商品的需求量非常大，
而且從中能夠獲得高昂利潤，這項
生意就是銷售男人、女人和小孩的生
意——把他們賣作奴隸。

第 6 章

奴隸之路

奴隸貿易的規模非常巨大。有如此多的奴隸被賣往東方，教皇對此加以命令禁止。在 775 年，教皇哈德良一世（Hadrian I）宣布出售基督徒是一項「可恥舉動」。「上帝禁止」這件事繼續發生，他補充道。但是，很少有人聽他的話；金錢帶來的欲望和誘惑實在太難以拒絕。像都柏林（愛爾蘭）、烏特勒支（荷蘭）和威尼斯（義大利）之類的城市，變成了把奴隸出口到亞洲的中心城市。雖然威尼斯人是重要的人口販運商，但是到這時候為止，最積極從事這項生意的人是斯堪地那維亞人。我們也把他們稱作維京人。

我們總是想像維京人坐著長條形的船來到不列顛海岸傾瀉而出，讓當地人魂飛魄散，隨後遭受大災難的場景。但是實際上，最難對付、最堅決和最令人害怕的維京人並非從斯堪地那維亞向西出發，而是向東和向南出擊。

「像男人一樣，他們去了遠方尋找金子」，在斯德哥爾摩附近發現的一塊碑文石上這樣寫著，但是「他們死在了南方，在瑟克蘭（Serkland）死去」——這是薩拉森人（Saracens）的地方，也就是阿拉伯人。維京人毫無疑問看起來就很凶悍嚇人。按照當時一份記載的說法：「從他們的腳趾一直到脖子，每個人都有深綠色的紋身。」另一份記載指出，他們「像棕櫚樹一樣高大」，而且很危險：「他們每人都帶著一把斧頭、一

把劍和一把匕首。」他們耐力驚人，有強大的耐心和意志達成他們想要的事情，在東方他們被稱為羅斯人（Rus）。羅斯人的稱呼可能是因為他們紅色的頭髮；但是更可能是源自他們發動襲擊時有技巧的吼聲。「俄羅斯」的名字就是從這裡來的（順道一提，維京人並不會戴有犄角的頭盔，儘管很多人都這麼以為）。

維京人走到哪裡都讓人害怕。「哦，主啊，保護我們吧，」法國在九世紀時的祈禱這樣祈求，「讓我們免遭野蠻的北方人迫害我們的國家；他們擄掠……我們年輕的處男。我們祈求你讓我們免遭此罪。」最近幾十年來，在斯堪地那維亞和連接亞洲心臟地帶的沿途發現的銀幣數目，足可證明這裡和伊斯蘭世界之間的奴隸貿易是多麼巨大。用現代的話說，這門生意價值好幾十億美元。

在穆斯林世界裡，對奴隸的需求非常大——不僅是來自歐洲的奴隸是這樣，來自非洲和亞洲的奴隸也十分搶手。有指南讀物幫助有錢人挑選奴隸，提出的建議從光滑的皮膚，到避免如口臭、耳聾和結巴之類的「隱藏的瑕疵」等不一而足。出售奴隸促進了商品貿易向其他地區擴張。一名十世紀的西班牙旅客曾前往位於今日德國西部的美因茲，他驚訝於在當地找到「只有在遠東才出產的香料，比如胡椒、薑、丁香、甘松（nard）和高莎草（galingale）」。更讓他驚訝的是，他發現阿拉伯銀幣在當地被用作貨幣，同時使用的還有在中亞鑄造的錢幣。

在西元 950 年前後，事情開始出現變化。在穆斯林世界內部的對立激起一段暴力時期，導致連麥加都受到攻擊，同時從巴格達到北非，領導權經常突然改變。一連串的嚴冬造成可怕的影響，有些人被迫要「從馬糞和驢糞中挑出大麥粒來吃」。

來自斯堪地那維亞的人，曾因為他們的
堅韌、紋身和恐怖而聞名。

在這段時期裡，羅斯人開始把目光投向別處。像是伏爾加河、第聶伯河和德聶斯特河這樣用於長途貿易的大河，旁邊建的堡壘貿易站已經發展為城鎮，例如諾沃哥羅德（Novgorod）、切爾尼戈夫（Chernigov）和基輔。像是這樣的基地，讓羅斯人在削弱可薩人的前提下獲得越來越多政治力量，可薩人發覺自己正面臨野心勃勃的對手們的直接競爭，而且羅斯人很快就壓倒了他們。羅斯人打定主意要找到主要的新市場來買賣貨物。他們把目光投向了羅馬帝國東半邊的首都。君士坦丁堡不僅是歐洲最大的基督教城市，它也曾經是全世界最大的城市。

他們對君士坦丁堡的注意力並不受歡迎，至少是因為羅斯人在首次造訪這裡時就蹂躪了君士坦丁堡周邊地區，他們放火燒毀房子，嚇壞了當地的居民。儘管這並非交朋友的最好方式，但雙方的關係最終穩定了下來，尤其是在羅斯人的統治者弗拉基米爾（Vladimir）在 988 年改信基督教以後。羅斯人的經濟也開始發生變化，他們堅韌的戰士社會文化變成對良好的行政管理、奢侈品貿易、從君士坦丁堡接受新思想、文化，甚至是對新建築更感興趣的文化。君士坦丁堡是東羅馬帝國或稱拜占庭帝國的首都。

羅斯人不是唯一和雄偉的君士坦丁堡和東方基督教世界有更近接觸的人。有越來

當羅斯人到達像君士坦丁堡這類城市時，
他們放火燒房子並開始破壞。

越多人來到帝國首都，例如來自比薩、熱那亞和威尼斯的商人，這些人都是受到和君士坦丁堡進行貿易以及來自亞洲的商品的吸引。還有其他純粹是來尋求冒險的人，甚至還有一些加入了拜占庭皇帝衛隊的人。其中一個例子就是哈拉德·哈德拉達（Harald Hardrada），他是未來的挪威國王，將會在 1066 年於英格蘭的斯坦福橋（Stamford Bridge）之戰擊敗盎格魯—撒克遜國王哈羅德（Harold）。在征服者威廉（William the Conqueror）在英格蘭掌權後，參加幾星期前哈斯廷斯戰役的一些盎格魯—撒克遜貴族逃向君士坦丁堡。歐洲在那個時候正在發生變化。城堡和修道院剛開始像雨後春筍一樣建造出來，用來招待雄心、好奇心和宗教虔誠心越來越大的貴族們。他們想要拜訪耶穌基督生活、死亡和復活升天的城市，這種興趣迅速地增長，有越來越多的人開始投入到遙遠、艱難而且昂貴的造訪耶路撒冷和其他神聖地點的旅程中。這些朝聖者常常成群結隊地穿越拜占庭帝國的首都君士坦丁堡，在這座城市裡，幾百年來已經保存了許多基督教聖物，例如荊棘冠和釘死耶穌的十字架殘片。

後來，在 1095 年，發生了一件不可思議的事。穆斯林世界中的波動致使突厥人不僅控制了巴格達，而且還一路向西擴張，幾乎已經到了君士坦丁堡的城牆下。對拜占庭

皇帝阿萊克修斯（Alexios Komnenos）來說，突厥人來襲已經是壓垮他的最後一根稻草了：他的帝國已經受困於經濟困難，並且遭受著來自其他鄰居施加的壓力。他找到教皇烏爾班二世（Urban II）要求軍事援助，希望能有大量騎士前來幫助他收復近來在小亞細亞（位於今天土耳其的大部分地方）丟失的一些最大城市。

教皇欣然答應了這個機會。他知道這個東邊的基督教帝國正在經歷一連串的困難，並且需要幫助；他也意識到，一場成功的遠征可以有助於修補歐洲本身的內部防衛，當時在基督徒之間產生嚴重分裂，導致教皇遭到國王甚至其他高級神父的挑戰。團結起來對付外部敵人，將會讓他們停止內部爭鬥。教皇烏爾班乞求、鼓勵，甚至威脅騎士們展開這場他的遠征——這就是著名的十字軍東征的開始。耶路撒冷就是目標。並不是所有人都對此有興趣：西西里的羅傑（Roger of Sicily）就對此不為所動，他手下統治著許多穆斯林以及基督徒和猶太人，他拒絕出征——而且明顯地「抬高他的腿，放了一個又大又響的屁」，來向教皇表示他對十字軍東征計畫的看法。

但是有很多人還是響應了這個計畫。令人驚訝的，經歷了種種不利條件和災難脫險，那些參加了第一次十字軍的人成功地向前打了數千英里，在 1099 年夏天到達聖城。

攻勢是在 7 月 15 日開始的。一個來自法國夏爾（Chartres）的年輕騎士拉姆博德・克利通（Raimbold of Cretons），成了第一個登上城牆頂端的人。守軍正守株待兔，乾淨俐落地砍下他的胳膊。但是進攻者們突破了防線，開始屠殺城內百姓。耶路撒冷很快就堆滿死屍，堆得「就像城門外的房子一樣高」，一個作者寫道。「如果你去過那裡，」另一個作者在幾年後寫道，「你的腳一定沾上了漫過腳踝的血。沒有人活著離開。女人和小孩他們也都不放過。」被殺的並不只有穆斯林；他們在穿越歐洲各地時，猶太人也被十字軍當作目標，猶太社群遭受了令人恐懼的暴力。在耶路撒冷的每個人、所有人都是目標：基督徒騎士把他們的武力成功看作是一個為幾百年前耶穌被殺而洩恨的機會——以及為他們那些沒能最終到達聖地的朋友報仇的機會。

屠殺終於結束了，十字軍的領導人開始思忖，儘管他們已經達到目的，但他們現在得為接下來的事情做計畫了。十字軍認識到，保住他們在聖地的勝利並不是一件容易的事。他們需要思考的問題在於他們是否有能力守得住——以及是否值得這麼做。

1099 年 7 月，第一次十字軍的騎士到達耶路撒冷
——並很快攻占了這座聖城。

第 7 章

天堂之路

　　對耶路撒冷的征服，標誌著歐洲歷史上的重要時刻。突然間，國王、騎士和宗教領袖不得不思考他們要如何保持住中東地區的一系列殖民地。最重要的問題之一，就是如何給已經在那裡的人提供補給。十字軍自己已經在奪取耶路撒冷後的幾天裡意識到，如果他們想要生存下來，那他們就必須和當地社群合作，而不是反對他們。十字軍想要殺掉所有信仰不同宗教的人，但問題是如果他們不得不買食物和其他材料，那他們就必須採取其他方式。基督教騎士們被敵人和潛在的敵人包圍，學習如何跟他們打交道是需要時間和技巧的。

　　可以通過海路幫忙輸送貨物的歐洲城市提供了支持。比薩、熱那亞和威尼斯看到把信仰和生意結合起來的黃金機會：把必需品輸送到聖地，可以獲得高額利潤。事實上，競爭也是如此激烈，有時候這些城市會把彼此看成對手，而不是一起支持東方十字軍國家的盟友。

　　這是因為打開通往聖地的路線，不僅能夠帶來把商品賣給當地的基督徒的機會；它還提供了在當地購買商品並帶回來的機會。這些商品中包括一張長長的清單，比如胡椒、肉桂、礬、上光蠟、肉豆蔻、丁香、糖、薰香、豆蔻、氨、象牙等等。這些東西中有大量並不是源自聖地，而是通過穆斯林控制下的貿易路線轉運而來──包括埃及的各

個港口，出口了令人印象深刻的各種香料、紡織品和奢侈器物。

沿著連接東西方的貿易路線可以賺許多錢。有一位精明的投資人就是這樣從印度和中國運來商品，他賺到的錢可以讓他支付修繕聖城麥加的費用，甚至讓他能夠享受到死後葬在麥加的特殊對待。歐洲的學者集中精力閱讀在安條克和大馬士革這種城市的圖書館中關於科學、數學和運算表格的著作，同樣也學習來自君士坦丁堡的解釋希臘哲學的書籍。

後來，有其他人開始對由十字軍帶來的變化有所抱怨。一位阿拉伯作者注意到，穆斯林的船隻曾經完全控制海洋，基督徒甚至連一塊木板都不能放到水裡。儘管如此，穆斯林對於最初一批十字軍到來的反應十分有限，十字軍幾乎沒有激起穆斯林世界的興趣。雖然十字軍為了得到耶路撒冷曾奮力苦戰，在初期遭到一些抵抗，但是在之後很長一段時間裡就再也沒有其他的重要反應了。這樣的狀況讓一些人很擔憂。據說，一名憤怒的法官衝進哈里發在巴格達的宮廷，抱怨哈里發對於這些從歐洲來的敵人熟視無睹，他指責統治者和他身邊的朋友只想要過舒服美好的生活，不願意去驅逐基督徒征服者。

這給了十字軍在聖地扎下根來的時間，他們開始和當地的社群及領袖建立關係——這其中也包括穆斯林。

然而，十字軍和他們的鄰居之間常常有摩擦，在 1180 年代，局勢調轉了過來。當時出現一位非常睿智的將軍，名叫薩拉丁（Saladin）。他成功地把穆斯林世界團結起來，在 1187 年於哈丁角（Horns of Hattin）大破基督徒騎士的軍隊，這是一場攻破十字軍王國的著名戰役。薩拉丁是一名寬宏大量的勝利者。他在戰役中俘虜了耶路撒冷國王之後，還送給他冰果露來恢復體力。

不久，在得到了城內居民將不會受到傷害的承諾之

胡椒、丁香、肉豆蔻、小豆蔻、薰香和肉桂都被送到了聖地。
儘管發生了政治劇變——但貿易一如往常地進行著。

後，耶路撒冷投降了。這對基督教世界和歐洲與東方的連結來說，都是恥辱的重重一擊。當耶路撒冷已經陷落的消息傳到教皇耳中，教皇因為震驚而氣絕身亡。他的接任者指責這是「城裡居民的原罪」和「基督徒全體人民的罪」，並揚言要發動不可阻擋的回擊。

耶路撒冷陷落的餘波在整個基督教世界裡震盪。因此一場規模巨大的遠征開始了，領導者是歐洲最有權勢的三個人，他們是：英格蘭的國王獅心王理查（Richard of Lionheart）、法蘭西的腓力二世（Philip II），和神聖羅馬帝國皇帝腓特烈・巴巴羅薩（Frederick Barbarossa）。他們幾乎沒有取得任何成果，於是在過了十年左右以後，又一個野心勃勃的計畫被制定出來，目的就是要奪回聖地。這一次，計畫並非是直取耶路撒冷和周邊供應城市的港口——而是先攻打埃及，那裡的居民是如此富裕，據說他們「沉浸在奢侈的生活中」。對威尼斯人來說，這絕對是一個更令人興奮的目標，他們成了給這次攻勢出錢的人。

但是這場攻勢同樣沒有像計畫中那樣發展。戰爭的花費遠遠超出控制，糟糕的關係和一團亂的決定，導致十字軍攻打克羅埃西亞的札達爾（Zadar），儘管城裡的居民在城牆上舉起標記著十字架的旗幟——而且即使十字軍已經得到教皇不准他們傷害這座城市的警告，他們還是攻打了這裡。威尼斯垂涎札達爾已久，他們說什麼也要進攻這座城市。隨後，十字軍不但沒有按照計畫向耶路撒冷進發，反而在搶錢的引誘下，率領艦隊偏離目標去了君士坦丁堡。

在 1204 年，在投資得到回報的希望破滅後，十字軍席捲了拜占庭帝國的偉大都城君士坦丁堡。這座城市就像

從君士坦丁堡搶來的薰香和古代聖物。

遭遇著天崩地裂的災難。財富被洗劫一空，最著名的宗教聖物被偷盜。這樣的行徑讓這座城市在不同的征服者統治下四分五裂，並丟失了帝國最好的領土。十字軍本來要服侍上帝，現在卻變成利用宗教來奪取權力和財富。

　　過沒多久，又有另一次為了奪取聖地的遠征展開。在錯誤判斷下，他們試圖在1220年代奪取開羅，這讓十字軍很快就遇到麻煩，不久後就面臨毀滅性的失敗。隨後傳來一個消息，說是有一支巨大的軍隊正從東方浩浩蕩蕩地趕來。拼湊得來的報導十分不完整，但是他們聲稱這是一個傳奇的基督教國王，他統治著「自由流淌著奶和蜜」的遼闊領土，他的土地上沒有會害人的毒蛇和蠍子。這樣的報導並不是真的。在亞洲馳騁的軍隊根本就不屬於一個友好的君主，他們也不是來援助十字軍。

　　　　　　事實上，他們是蒙古戰士，
　　他們的領袖是歷史上最著名的人物之一：成吉思汗。

第 8 章

地獄之路

　　成吉思汗和蒙古人曾擁有令人膽寒的名聲。按照一位作者的說法，他們的生活「像是動物一樣」，「不受信仰和法律的指導」。對他們來說，殺人越貨是「男子氣概和優秀」的表現。他們騎在馬背上使用弓箭的技術如傳奇一般，移動的速度就像閃電。在成吉思汗的帶領下，蒙古人是令人聞風喪膽的敵人，他們幾乎是不可戰勝的。

　　成吉思汗是一個傑出的戰略家，他會向追隨者許諾豐厚的獎賞──並說到做到。他要求極度的忠誠作為回報，那些在他身邊的人，隨著蒙古人財富的增長，也獲得地位和權力。他們崛起的速度之快令人緊張。跟隨著成吉思汗，他的人馬在 1206 年成為草原的主人，他們隨即將注意力投向中國，四散攻伐，最終奪取了金朝的首都中都（今天的北京）。

　　下一個目標是中亞，這裡很快就陷落了，在一些案例中是以極血腥的方式淪陷。在一座城市裡，蒙古人下令不留活口，男人、女人、小孩甚或狗皆死於屠刀之下。這樣的殘暴宣示中也蘊含蒙古人的考量，許多其他地方的城市選擇投降，以避免遭遇同樣的命運。蒙古戰士隨後「像蝗蟲一樣」湧向俄羅斯，在那裡有個僧侶認定這些人是上帝派來懲罰他們的。在 1241 年時，蒙古人已經到達歐洲，隨後突然離開。在幾十年的時間裡，蒙古人建立了歷史上最大的陸上帝國。

實際上，蒙古人遠不僅是嗜血的破壞者，他們是精明的行政者，在宗教方面十分寬容，在鼓勵貿易和稅收方面十分明智。他們明白，恐懼是有用的工具，可以用來得到他們想要的東西，有時甚至可以兵不血刃。但是蒙古人絕對是下手冷酷無情的，例如在 1258 年，他們征服了巴格達，將那裡的居民「就像是玩具一樣」到處驅趕，將統治者裹在毯子裡，騎著馬將他踩死。

即便如此，蒙古人也不能把所有人嚇唬住。在英格蘭，國王愛德華一世（Edward I）做出結論說，蒙古人可以成為理想的盟友，可以聯手打敗在聖地擊敗了十字軍的穆斯林。這個國王會見一名從中國西部派來的使者，討論可能簽訂的協議。這名使者是一個基督徒主教，他為愛德華國王舉行彌撒。愛德華對組成聯盟的主意感到異常興奮，他舉行盛大的宴會並開始計畫重新征服聖地。遊行慶祝也在羅馬舉行，這是為了慶祝肯定會隨之而來的勝利。但是，這個機遇沒有把握住；威廉・華萊士（William Wallace）在蘇格蘭發起的起義迫使愛德華必須立即處理，他和蒙古人達成聯盟的行動和計畫則只成了一場黃粱美夢。

然而，此時歐洲對蒙古人和總體上的亞洲的興趣越來越大。歐洲派使者到東方尋找有關強大征服者的更多消息，他們帶回關於他們去過的地方以及見過的人的故事。

並不是所有故事都是準確的。有些談到亞洲有一種生物，有人的身體，但是有狗的頭，有的人的耳朵是大象鼻子的樣子，還有其他兩隻腳朝後長的人。像馬可．波羅這樣的旅人說老鷹的巢裡會出現鑽石，有鳥兒無意中將鑽石從陡峭的山谷中帶回地面。這些故事在關於亞洲的記載中出現，在亞洲，人們也同樣熱衷於了解異域是什麼樣子。有一份對中國的記載聲稱麥加是佛祖的家，還說有個地方的女人在風中裸體就會生下小孩。儘管這些故事不是真的，但訊息、新聞和報導被前所未有地集合起來的事實，顯示世界被連結的程度越來越高。

蒙古人的征服看起來是促使世界的一端和另一端更快、更好地溝通，過沒多久，就有人寫出了指南讀物，來指引人們在什麼地方以什麼樣的價錢購買什麼商品。一方面是害怕在買賣貨物時被占便宜，但是至少商人和旅客並不用擔心安全問題。根據十四世紀時偉大的阿拉伯探索者伊本．巴杜達（Ibn Battuta）記載，中國是一個完全安全的地方，「帶著巨額財富獨自一人旅行九個月，完全不用擔驚受怕」。

在不同大陸之間的貿易繁盛起來。很多人湧向大馬里（Malian）帝國，這個國家在1300 年代時的統治者是門薩．穆薩（Mansa Musa）；多虧了西非豐富的黃金，穆薩在歐洲享有「全世界最富有、最高貴的國王」的名聲。他是如此富有，在他前往麥加的路上經過開羅時，他帶著眾多僕人和大量黃金，引起人們讚嘆。隨後，在 1340 年代，所有的一切都戛然而止。這一次不是戰爭或暴力帶來突然的停滯，而是沿著絲綢之路傳播的另一種東西，它快速地從一個地方來到另一個地方，帶來的死亡和破壞嚴重到幾乎無法想像。傳染病的傳播就像是野火一樣，從中亞燃燒到歐洲、伊朗和中東，還有埃及和阿拉伯半島，死了數百萬人。

瘟疫是借助跳蚤傳播的。當那些細菌進入到人體的淋巴結時，受傳染的人腋下或是腹股溝處會長瘡，這些瘡會迅速腫大，然後器官會一個接一個感染。這會導致內臟嚴重出血，

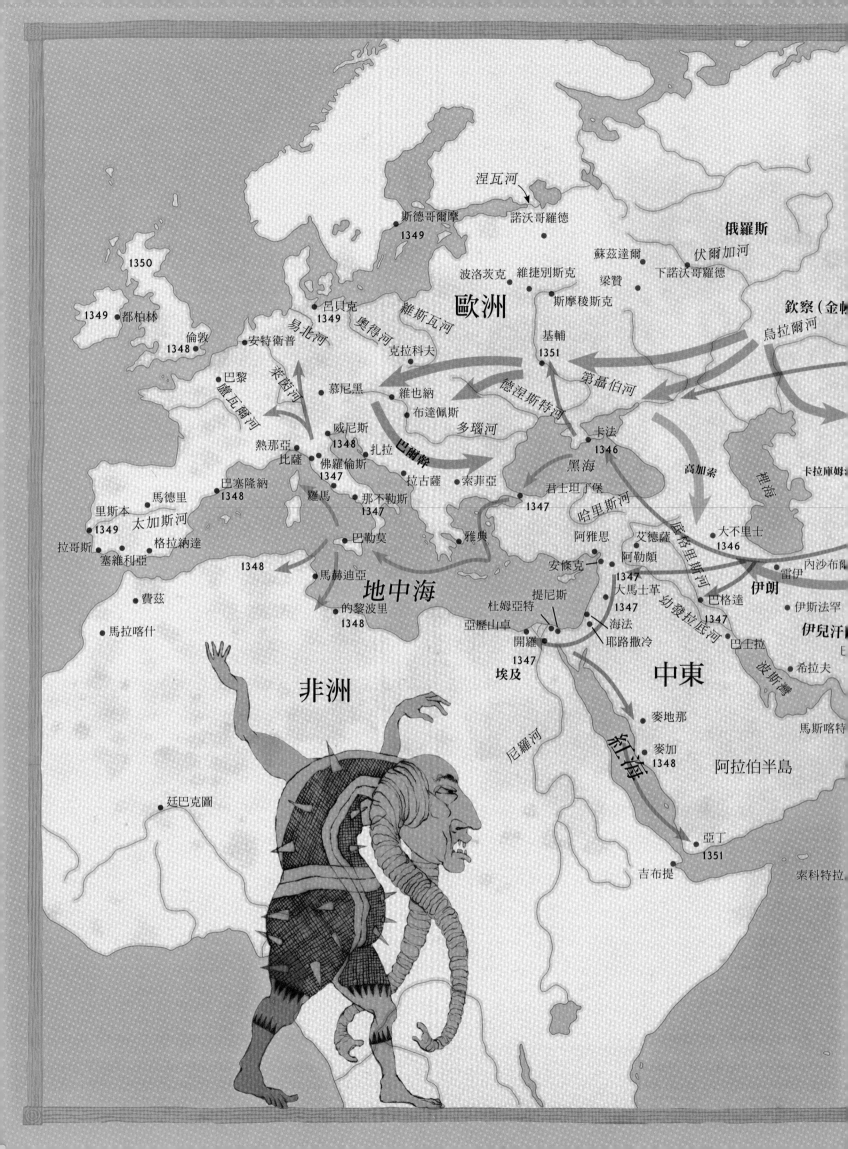

涅瓦河

斯德哥爾摩
1349

諾沃哥羅德

俄羅斯

蘇茲達爾
伏爾加河
梁贊
下諾沃哥羅德

波洛茨克　維捷別斯克
斯摩稜斯克

欽察（金帳

1350

1349 ●都柏林

倫敦
1348

呂貝克
1349

安特衛普

易北河

奧得河

維斯瓦河

克拉科夫

歐洲

基輔
1351

烏拉爾河

第聶伯河

巴黎

盧瓦爾河

萊茵河

慕尼黑

維也納

布達佩斯

德涅斯特河

卡法
1346

黑海

高加索

卡拉庫姆

威尼斯
1348

熱那亞
比薩

佛羅倫斯
1347

扎拉

巴爾幹

多瑙河

拉古薩　索菲亞

君士坦丁堡
1347

裏海

巴塞隆納
1348

馬德里

羅馬

那不勒斯
1347

雅典

阿雅思

艾德薩

底格里斯河

大不里士
1346

里斯本
1349

太加斯河

格拉納達

拉哥斯

塞維利亞

巴勒莫

1348

馬赫迪亞

地中海

的黎波里
1348

亞歷山卓

杜姆亞特
提尼斯

海法

耶路撒冷

安條克
1347

阿勒頗

大馬士革
1347

幼發拉底河

巴格達
1347

雷伊

內沙布爾

伊朗

伊斯法罕

伊兒汗

巴士拉

波斯灣

希拉夫

費茲

馬拉喀什

非洲

開羅
1347

埃及

尼羅河

麥地那

麥加
1348

中東

紅海

阿拉伯半島

馬斯喀特

廷巴克圖

亞丁
1351

吉布提

索科特拉

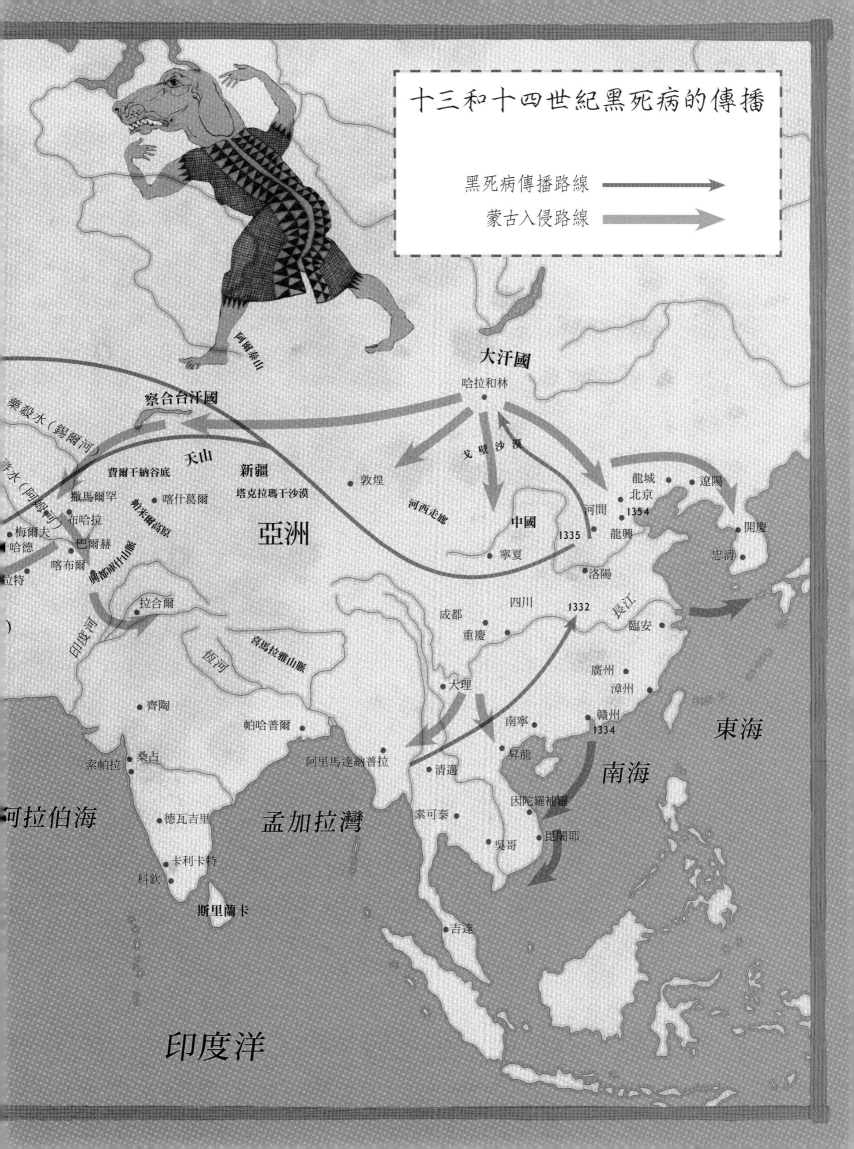

十三和十四世紀黑死病的傳播

黑死病傳播路線
蒙古入侵路線

大汗國

哈拉和林

察合台汗國

阿爾泰山

藥殺水（錫爾河）

烏滸水（阿姆河）

天山

費爾干納谷底

撒馬爾罕

喀什葛爾

布哈拉

帕米爾高原

巴爾赫

喀布爾

興都庫什山脈

梅爾夫

哈烈

拉特

新疆

塔克拉瑪干沙漠

亞洲

戈壁沙漠

敦煌

河西走廊

中國

1335

寧夏

龍城

北京

1354

遼陽

河間

龍興

洛陽

開慶

忠清

拉合爾

印度河

恆河

喜馬拉雅山脈

齊陶

帕哈普爾

阿里馬達納普拉

四川

成都

重慶

1332

長江

臨安

廣州

漳州

贛州

1334

大理

南寧

昇龍

東海

南海

索帕拉

桑占

阿拉伯海

德瓦吉里

卡利卡特

科欽

斯里蘭卡

孟加拉灣

清邁

素可泰

吳哥

因陀羅補羅

毗闍耶

吉達

印度洋

長出巨大的膿包和血泡，讓患者的樣子看起來非常嚇人。這種疾病被人們稱為黑死病。

災難的規模非常大。整個的城鎮都無法幸免。有許多人死掉，甚至沒有足夠的人活下來埋葬死者。有些作者在他們的書後面留下空白頁，「以便萬一有人能活下來」，可以完成他的書。還有人提供關於如何避免被傳染的建議。「不要泡澡，」一個瑞典的神父說，「而且要避免吹到南風——至少是直到午餐前都不要。」「在一天時間中加兩次專門的禮拜」，希望對此情況有幫助的穆斯林學者這樣勸說道，但收效甚微。

死亡人數多到令人震驚。人們認為在五年的時間裡，光是歐洲就有三分之一的人死亡，同時埃及有百分之四十的人死亡，亞洲有數千萬人死亡。儘管如此，奇特的事情是，黑死病災難性的傳播也有其解方：染病的存活率幾乎為零，這意味著一旦人口變得稀疏，傳染率就會快速下降，因為沒有人能夠活著攜帶病菌。

從一方面來說，生活開始回歸正常。但是從另一方面來說，黑死病造成令人驚訝的影響。隨著人口減少，富人和窮人之間的差距縮小了，因此那些有土地和財產的人必須給工人和租客更好的條件才行。薪水也上升了，因為可以雇用的人數變少了，這反過來也意味著那些有工作能力的人可以要求獲得更好的薪資。黑死病也帶來消費模式上的變化，當人們親眼目睹過朋友和親人的苦難和死亡後，人們更願意花錢而不是存錢。畢竟，他們懂得花開堪折直須折，莫待無花空折枝的道理。

在 1400 年前後，從歐洲到中東，再到中國，都可以感受到後續影響。威尼斯的宮殿是從充滿活力的亞洲貿易中賺到的利潤建立起來的，威尼斯的亞洲貿易基礎，是他們精心設計過的貿易站網絡和與亞洲保持友誼。作家和藝術家們發覺，那些之前千方百計不願意出錢的贊助人，現在願意出錢支持他們創作，讓他們在藝術中開創出新的形式、風格和內涵。

新的一波雄心壯志，不僅把鄂圖曼土耳其人帶到了基督教徒的君士坦丁堡城牆下，而且也把他們帶到了巴爾幹。一個名叫帖木兒的軍閥，沿著成吉思汗二百年前的足跡在

亞洲的心臟建立起新的帝國，用今天依然矗立著的地標建築物，妝點像撒馬爾罕和布哈拉這樣的城市——它們比地球上建造過的任何建築都更加絢麗、精美。

在 1400 年代同期的明朝中國，巨大的建設工程正在進行，其中包括一條把最大的城市都連接起來的運河，以及一項升級北京城的宏大計畫。一支巨大的艦隊也以鉅資被建造出來，在海軍指揮官鄭和的帶領下，探索了東南亞、印度、波斯灣和非洲。禮品和異國動物——例如長頸鹿——被帶到一個充滿好奇心的宮廷，裡面的人們熱切地想要了解世界。

在其他地方，也正處在同樣激動人心和活力四射的時代。桑海（Songhay）帝國正在非洲西部建立起來。它的首都是偉大的綠洲城市廷巴克圖，這座城市坐落在跨越撒哈拉沙漠的貿易十字路口上，它不僅是偉大圖書館的所在地，也是著名學者的家，那裡出售的最昂貴的商品——是書。

數不清的男人、女人和小孩被抓起來變成奴隸。

與此同時，葡萄牙海軍技術的改進，促使探險家能夠探索非洲的沿海地區。那些和他們打交道的人可不算是幸運。數不清的男人、女人和小孩被抓起來變成奴隸，用燒紅的烙鐵在身上做記號，然後在葡萄牙拉戈斯（Lagos）的港口出售給出價最高的人。但是有一個參加過一次測量非洲海岸線的探險的人，他心裡則懷著不一樣的想法。他對奴隸不太感興趣，而是想著如何打通和亞洲的貿易路線。他相信，如果他向西航行，越過大西洋，就會到達印度和中國的富裕市場——他甚至成功說服位於今日西班牙的卡斯提爾（Castile）和亞拉岡（Aragon）的君主斐迪南（Ferdinand）和伊莎貝拉（Isabella）出錢資助他。這個人的名字叫克里斯托弗 · 哥倫布。

第 9 章

新世界之路

在 1492 年 8 月，哥倫布揚帆啟航駛向了未知的大海。當他在七個月後越過大西洋返回時，帶來的消息讓歐洲為之瘋狂、興奮。他彙報說他發現了之前不曾有人知道的一部分印度，那裡的土地令人驚訝的肥沃，擁有數不勝數的香料種類，還有「巨大的金礦和其他金屬礦」正在等著人們去開採。這一切聽起來都好得讓人難以相信。而事實的確如此。當哥倫布和其他人在第二年穿越大西洋時，過沒多久，他們就發現了他們要找的獎賞。首先是在今天委內瑞拉所在地發現一連串的牡蠣棲息地，這裡能夠得到一大袋的珍珠。隨之而來的消息，是在中美洲存在著一個成熟的阿茲特克文明，在南美洲存在著印加帝國，他們都十分富有。他們很快就成了為尋找名望和財富從歐洲遠航而來的人的攻擊目標。

當地人被極度殘暴地對待，一個目擊者說，「其程度是有史以來未曾見過的」。暴力的中心是貪婪。「我和夥伴們遭受了一種只有用金子才能治癒的心病」，一個西班牙士兵這樣告訴他遇到的人。當他們來到了阿茲特克人的首都特諾奇提特蘭（Tenochtitlán），歐洲人據說舉止就像是「野獸一樣⋯⋯每個人都被貪婪所驅使」，金子被從盾牌上取下來，珠寶被從皇冠上拿走，所有值錢的東西都被洗劫一空。一份史料很簡明扼要地說：「他們拿走了一切。」

阿茲特克人不是西班牙和它的盟友的對手。「他們拿走了一切」，一個在場的人這樣說道。

讓事情更糟的，是美洲之前未曾有過的疾病，那裡的居民對這種疾病完全沒有抵抗力。天花和流感的爆發被證明是致命性的，同樣糟糕的還有隨之而來的饑荒，因為人口下降，所以留下來耕種糧食的人就更少了。很快的，跨越大西洋的海上路線就隨著運回國的財富而變得十分忙碌。有大量的黃金和白銀被帶回西班牙，財寶就像麥子一樣被堆放在港口上。一名觀察者看到在一天時間裡，就有三百三十二車的貴重金屬在港口卸下。完全不用懷疑為什麼會有人說新世界（人們對美洲的稱呼）的發現是「自從開天闢地以來最偉大的事件」。

巨大的財富流回歐洲，讓西班牙的統治者查理五世（Charles V）成了大陸上最有權勢的人。他用新獲得的金融力量來打壓他的對手們，在 1519 年，他確保自己成了神聖羅馬帝國的皇帝。他的成功是其他領導人的麻煩，他們發現自己已經跟不上了，被這樣一個決心要把自己的權力擴張得更遠的統治者擠到一旁。他的財富和影響力與英格蘭的亨利八世等人形成尖銳對比。作為一位國王，亨利八世的收入還遠不及自己國家教會的收入──就更別說和他的西班牙對手相提並論了。

很快的，跨越大西洋的海上路線就隨著運回國的財富而變得十分忙碌。

當亨利八世──一個被描述為「臉蛋漂亮得就像是一個美麗女子」的人決定是時候要拋棄他的第一任妻子──亞拉岡的凱薩琳（Catherine），轉而追求安妮‧博林（Anne Boleyn）時，他正在做的是一個非常冒險的決定。他決心要甩掉的女人是西班牙國王的姨媽，因此亨利決定要再婚的時候，他不僅是在和教皇對抗（因為只有教皇才能決定他是否能合法地結束第一段婚姻），也是在挑戰世界上最富有的人──美洲大陸的主人。

西班牙並沒有讓所有事情都稱心如意。就在哥倫布第一次跨越大西洋的五個月後，一個由瓦斯科‧達伽馬（Vasco da Gama）指揮的葡萄牙艦隊啟航，朝相反的方向──向東朝著亞洲航行。在繞過非洲的

最南端之後，達伽馬發現他正在向波斯灣和印度駛去。這樣做的話，他便打開了海上路線，這件事的重要性和帶來的回報絕不遜於跨越大西洋的航行。

過沒多久，巨大的海洋航行船隻就開始滿載著貨物從海外回來了。威尼斯的人們站在城市的屋頂上大喊他們的城市完蛋了，因為那些貨物將會比威尼斯的便宜。用海運意味著香料、紡織品、寶石、陶瓷器和更多種類的商品未來就不會在陸上運輸途中被課徵好幾次稅──意味著海運的商品會比陸運商品便宜。人們曾經「帶著錢從全歐洲各地來到威尼斯採購香料，現在這些人要到里斯本去了」，一個精明的人這樣說道，此人後來成了威尼斯總督（也就是城市的領導人）。然而，認為威尼斯之死的擔憂是杞人憂天，至少在一開始的時候是這樣。首先，海洋是非常危險的，在十六世紀初，有超過一半前往亞洲的船隻並沒有再回來。

另外，還有像鄂圖曼人那樣的勢力，他們不願意看到有新人來攪局，並威脅搶走他們的生意，而且還造成軍事上的競爭。在這件事上，葡萄牙下定決心要保衛他們的獲利地位，並開始修建堡壘和城堡。這造成海上的衝突，甚至有提議要威尼斯和穆斯林埃及組成聯盟，以打擊任何對舊的貿易模式產生威脅的勢頭。

與此同時，西班牙和葡萄牙的探險家開始向更遠的地方探索，他們來到印度和遠東的香料群島，以及中國沿海，甚至成功地進行了穿越太平洋的航行。突然間，歐洲不再是世界的死角，而是世界的中心──它成了大陸之間的中間點。不僅如此，歐洲自己的目標，也從歐亞大陸的東邊換到西邊更接近美洲的地方，以及前往非洲

哥倫布著名的帆船：聖瑪麗號。

和亞洲的新運輸路線。的確如此，正如當時一個西班牙評論者說的那樣，這個時代應該被稱為黃金時代。這句話實在很難反駁。

紡織品、陶瓷器和異國商品數量變得越來越多，也比較容易取得了，新富裕起來的買家是熱情又願意花錢的客戶。香料是尤其熱門的商品，它們不僅用於烹飪，也是重要的藥材。人們認為豆蔻是很好的驅寒藥材，肉豆蔻的油有助於治療腹瀉。昂貴的香料，比如肉桂、丁香、薑和胡椒是身分和地位的表徵：那些有錢人可以付得起購買香料的錢，買不起的人則只能望梅止渴。

許多這樣的富人都用金子、銀子和其他從美洲搶來或是剝削來的寶物付帳：有一座位於安地斯山脈的礦山，這裡位於今天的玻利維亞境內，這座礦山是人類歷史上最大的銀礦山，在超過一百年的時間裡出產了全球產量一半多的銀。過沒多久，來自非洲的奴隸就被大量運到這裡，在令人恐懼的條件下建立定居點、殖民地，並壓榨美洲的財富。

在非洲和美洲失血的時候，獲利的不僅僅是歐洲。由於大量金錢湧入，亞洲繁榮了起來。財富的湧入讓統治者們能夠以前所未有的方式大肆裝飾他們的大城市，擴張他們的權威和慶祝他們的成就。這讓一個名叫巴布爾（Babur）的中亞統治者和他的後代子孫——以蒙兀兒人得名——建立起一個將中亞和今天位於印度和巴基斯坦的許多地方統一起來的帝國。蒙兀兒人建立起了像拉合爾（Lahore）、齋浦爾（Jaipur）和法特浦爾希克里（Fatephur Sikri）之類的城市，有偉大的宮殿來顯示他們的財富，並且能建立起像泰姬瑪哈陵這樣的地標建築以紀念心愛的人。新的經濟資源讓富人能夠買到用錢能買到的最好商品。在波斯，國王阿巴斯一世（Abbas I）開始了一項宏大的工程，將伊斯法罕轉變成世界奇觀之一，創造出商店、清真寺、澡堂和花園，這些地方遠近聞名。在中國和鄂圖曼帝國的統治者也享受到更高水平跨國貿易的好處，他們經歷的是一個輝煌奪目的文學、藝術和建築的時代。

新的全球貿易模式開啟了新的可能性。那些在歐洲的火槍手、水手、商人和投機者手上有大把的機遇，他們很快就意識到在亞洲的不同國家之間，貴重金屬有不同的價格，這讓他們迅速獲得巨大的利潤。人們的心思很快就轉到歐洲人能不能把他們在美洲的行徑如法炮製在亞洲上。

貿易能帶來巨大的回報；
但是征服可能會帶來更多。

北歐之路

　　隨著葡萄牙和西班牙變得富有，歐洲的權力天平從東邊偏向了西邊。很少有人比英格蘭對此更感到苦澀。英格蘭對手的財富在一夜之間翻了好幾倍就已經夠糟了，但讓事情更糟的是，那些金子銀子像下雨一樣落到對手口袋中的勝利故事，彷彿是上帝設計的一部分。這時候的歐洲已經被一系列的宗教風波弄得很不平靜，這場被稱為宗教改革的運動讓各國分成新的陣線：天主教（教皇作為首腦）和新教。葡萄牙和西班牙有天主教統治者，英格蘭的是信奉新教的女王伊莉莎白一世（Elizabeth I），她在 1570 年被教皇庇護五世（Pius V）譴責是「罪惡之僕」，教皇還宣布她的臣民應該要違抗她的法律。

　　英格蘭分裂成新教和天主教，而且在國外有數不清的敵人，因此當務之急是為看起來不可避免的外國入侵做好準備。發展保護英格蘭沿海的戰艦成了主要投資。在短短二十年內，能夠搭載更大的大砲的快速大戰船數量翻了三倍。因此，航海技術大幅改進，英格蘭的水手學會如何在困難條件下駕馭這些新戰船。當西班牙無敵艦隊在 1588 年到來時，英格蘭人不只是守株待兔，而是出門決鬥，讓對手大吃一驚並羞辱他們。西班牙人被打得鎩羽而歸。

　　英國人學到如何保護他們的沿海地區，這件事後來被證明是卓有成效的。英國的船長變成精明的獵手，他們尾隨那些從美洲或亞洲回歸到港的船隻，把它們的貨物（例如

香料、珍珠和紡織品）搬到自己的船上，然後對那些船發動攻擊，隨即揚帆返航。在一些案例中，他們甚至俘虜了整個船隊，將船拖回英格蘭的港口。這推動了英格蘭音樂、藝術和文學的黃金時代，也就是威廉 · 莎士比亞的黃金時代。

英格蘭努力在意料之外的地方結交朋友。伊莉莎白女王派出使團到鄂圖曼帝國的君士坦丁堡，向蘇丹保證，在宗教畫像和對天主教的敵對方面，新教徒和穆斯林鄂圖曼有相似的觀點。女王送出了價值高昂的禮物，包括一架蘇丹非常喜愛的管風琴，女王還和蘇丹的母親有書信往來，話題包括討論最好的香水種類。英格蘭的大使和探險家被派往更遠的莫斯科和波斯，為英國商人尋找可能進入的市場。

女王送出了價值高昂的禮物，包括一架蘇丹非常喜愛的管風琴。

與此同時，在荷蘭，新教徒發現自己正被西班牙人捏在手心，西班牙企圖在全歐洲擴張他們的權威，並在這個過程中粉碎一切反對他們的勢力。有報導將西班牙人如何對待美洲居民——那裡有數百萬人被殺，和西班牙人想要怎樣對待那些在歐洲持有和他們不同宗教觀點的人相提並論。

荷蘭人決定把命運掌握在自己手裡，不僅把錢一股腦地傾注在建造艦船上，而且還發明了一個有系統的計畫來建立和世界其他部分的聯繫方式，這將會幫助他們把經濟力量帶到阿姆斯特丹（荷蘭的首都）來。成功的關鍵是一家名叫荷蘭東印度公司的新貿易公司。它允許投資人按照各自投入的錢來集合資源。這意味著如果生意發展得不好，風險可以由很多人分攤；如果生意進行得順利，那麼他們都可以獲利。在二十年的光景裡，荷蘭共和國興盛了起來。

一切都被荷蘭人安排得十分妥當。他們開始把眼光投向遠東的香料群島上，他們認真地做功課，製作出精準的地圖來標注港口、海灣和定居地的位置。他們也製作出羅列了南亞和東南亞各種語言，比如泰米爾語（Tamil）、馬來語和他加祿語（Tagalog）的語法和詞彙書。荷蘭人得到了一個立足地，他們擠走了葡萄牙人，然後繼續擴張他們的地位，建立起從印度和今天斯里蘭卡的所在地一直到今天印度尼西亞所在的一個廣闊網

伊莉莎白一世女王為她的國家建立起
許多遠距離的友誼。

絡。突然間，他們發現自己已經把香料貿易壟斷了。

回報很快就變得十分可觀。阿姆斯特丹成了建築活動的集中地，有倉庫和宏偉的房屋開始沿著城市運河拔地而起。藝術也興盛起來，像哈爾斯（Frans Hals）、林布蘭（Rembrandt）和維米爾（Vermeer）這樣的畫家帶來了精彩的作品和不可思議的創造力。隨著歐洲北部城市的興盛，人口也開始迅速增加。強而有力的工作倫理鞏固了這些城市的成功，這些地方的人們所持有的工作倫理則認為，一個人付出長久努力來獲得個人財富是天經地義的事。

歐洲人建立起了跨越大陸的帝國。歐洲本身是一個暴力的地方，那裡有幾乎不曾停歇的戰爭。封建社會讓軍事技術的地位十分受到尊崇，這刺激了變得意義極其重大的軍事技術的發明。歐洲的武器比世界任何地方的武器都更好，在中國受到廣泛的青睞，在非洲和美洲則令人聞風喪膽。

所有的這一切，意味著當英國人把他們的注意力放在亞洲和北美洲的時候，他們已經取得一個好的開始。成功源自建造海軍，這是好的組織工作應該如何營運的榜樣：水手因為其能力而受到擢升；在海戰中的失敗經歷會獲得深刻、嚴密的檢討；從過去的錯誤中學習經驗。同樣重要的，是英國人對於捲入戰爭這件事十分謹慎，通常是置身於那些代價高昂、後果充滿不確定性的衝突之外。

和東方的長距離貿易，讓阿姆斯特丹變成一個繁榮的城市。

　　英格蘭並沒有許多陸地上的邊境線，所以它不需要維持一支龐大的陸軍——也意味著它的支出比那些歐洲的對手低得多。

　　儘管最初建立貿易網絡的努力毫無疑問地取得了一些不完整的效果，但是在 1700 年前後，事情變得更有希望了。東印度公司，建立在和荷蘭同名公司相似的機制上，它在亞洲建立起令人眼紅的地位，這讓他們的一些官員在這個過程中變得極度富有。在他們的老家，他們被嘲諷為自製百萬富翁，儘管這也表現出了那些嘲笑者心裡的許多羨慕和嫉妒。

　　東印度公司做生意的方式可一點也不值得驕傲。許多官員的行徑就像是流氓無賴，他們用高到誇張的利率放高利貸，並且介入地方事務，為出錢多的一方出力。在光輝又有權力的蒙兀兒皇帝所處的世界裡，不想占便宜是一件萬分困難的事情。他們在過生日的時候，會讓自己站在秤上，讓人在另一端放上各種寶石、貴重金屬和其他寶物，直到兩邊的重量相等為止。這樣的事情很難鼓勵一位統治者去保持自己的體重——他吃得越多就越富有。

　　東印度公司最臭名昭著的行徑事蹟是在 1757 年，一場由公司官員羅伯特 · 克萊武（Robert Clive）帶領的遠征，在孟加拉統治者攻擊了加爾各答後，他們前往加爾各答介入當地事務。克萊武很快就給想要奪權的敵對方提出了一大筆錢，給孟加拉提供支

持。很快，他控制了迪萬尼（diwani）——也就是地區收稅的權力——讓自己得到了全亞洲人口最多、經濟最活躍的地區之一的稅收，這個地區的紡織品工業供應了英國從東方進口的一半紡織品。幾乎在一夜之間，他就成了全世界最富有的人。

在大西洋的對面，很多人驚恐地看著這一切。

在十年的時間裡，東印度公司的官員們從孟加拉人那裡拿走了相當於數百億英鎊的財富。而且這還不是最糟糕的部分。貪婪和混亂的管理、伴隨著一系列的壞收成，造成一場孟加拉饑荒，孟加拉有三分之一的人口——約一千萬人死亡。有一些在倫敦的人對此暴跳如雷，認為歐洲人只是在圖利自己，而眼看著孟加拉人餓死。但是克萊武爭辯說這可不是他的責任：畢竟，他告訴議會，他的工作是保護和服務股東——而不是當地人。

在大西洋的對面，很多人驚恐地看著這一切。英國人已經在北美洲建立了十三個殖民地，他們都開始擔心自己會遭遇相似的命運。畢竟，如果英國人對那些人這麼殘酷，那為什麼要對他們比較好呢？當倫敦政府決定對美洲殖民地課更高的稅，天崩地裂的時候就到了。在議會裡，攪動事態的人提出如何在沒有代表權的情形下收稅（那些美洲的英國殖民地無法投票選國會議員）。很多人認為這是不對的。憤怒的呼聲很快地變成讓人們開始採取行動的號角。譴責東印度公司的傳單到處流傳，稱呼這家公司是「暴君、強盜、壓迫者和造成流血的人」。當載著茶葉的貨船停靠在波士頓的港口時，人們將貨物倒進了水裡：他們寧願把貨倒掉，也不願意付稅金給倫敦。這是一場革命的開端——這場革命將促使合眾國的成立，在 1776 年的 7 月 4 日，美國獨立了。

失去北美洲十三個殖民地，對英國來說是一件恥辱的挫敗，這也強調了保持英國財產的安全是多麼重要。英國開始把注意力放在它在亞洲的地位上。英國可能已經失去了美國，但確定無疑的是，它將永遠不會失去印度。

對抗之路

　　變化看起來已經瀰漫在空氣中了。在獨立以後，美國緊接著展開向南部和西部的激烈擴張，而且變化並不只是發生在北美。在 1700 年代末，歐洲殖民者的定居點也給澳大利亞造成巨大影響，尤其是對所有的原住民，殖民者毫不留情地把原住民從祖先的土地上趕走。在 1789 年，法國陷入一場國王被當眾砍頭的革命。很多人害怕在相鄰的國家也發生類似的事情。在南美和阿根廷、智利以及巴西，獨立的呼聲越來越響亮，同時還有其他人尋求能夠切斷他們和遙遠的西班牙和葡萄牙的統治聯繫。在南非，祖魯（Zulu）領導人恰卡（Shaka）和一些部落領袖達成協議，驅趕了另外一些領袖，並建立起一個強大的新帝國。

　　但是，還是有人認為能夠阻止變化的發生。在中國的乾隆皇帝直言不諱地告訴英國大使，他對和英國進行貿易不感興趣。他輕蔑地說：「我們無所不有。你們製造的東西對我們沒有用處。」實際上，他們達成了讓英國商人在中國工作的條約。但中國人持有的懷疑是正確的；過沒多久，英國人不只是用武力改善自己的地位，而且還從事一種特殊的貿易，他們經營一種叫作鴉片的噁心毒品，讓那些吸食的人們變成像殭屍一樣的煙癮毒蟲。

　　在世界的心臟地帶，波斯人的經歷也不無相似；在波斯，人們學到了和英國人結盟

的風險和危險的痛苦教訓。在 1800 年代初期，倫敦做出大量的努力來接近波斯統治者，贈送昂貴的禮品並給予軍事支持。一方面是出於波斯灣作為貿易路線的戰略地位，一方面也是因為正在法國發生的事情。一個全新的法國正從革命的廢墟中崛起，他們有一個雄心勃勃的指揮官，名叫拿破崙 • 波拿巴（Napoleon Bonaparte），他計畫拿走英國人在印度和其他地方的資產。

拿破崙 • 波拿巴

但是在 1812 年時，拿破崙侵略俄羅斯，英國人拋棄他們和波斯的盟約，傾心於他們和波斯人的死敵俄羅斯人的新友誼。更壞的是，英國人支持俄羅斯人對波斯的進攻，甚至幫忙起草一份和平協議，把波斯國王的大片領土送給俄羅斯沙皇。英國的行為是不光彩的，波斯大使這樣告訴英國的外交大臣卡斯爾雷（Castlereagh）勳爵。英國人曾對波斯許下「堅定誓言」，而且波斯依賴他們許下的「這份偉大友誼」。英國人背叛盟友的行徑「配不上英國的榮譽」。然而，英國的優先考量是打敗拿破崙。這件事在 1815 年的滑鐵盧戰役中徹底成了板上釘釘的事情。

諷刺的是，隨著拿破崙倒台，法國構成的威脅不復存在，俄羅斯又崛起了。俄羅斯的野心快速地擴張——越來越多的領土被納入沙皇的控制之下。到 1830 年代時，倫敦已經真心意識到俄羅斯引起的警報，他們已經「離我們在印度的門口只有咫尺之遙了」，為了保護英國的利益，必須要做出點什麼。

英國把間諜派往中亞，試圖贏得當地埃米爾（統治者）和軍閥的支持，以此來讓俄羅斯離遠一點。這件事進行得並不好，英國軍官被置於懷疑的眼光之下，有些人被逮捕並在眾目睽睽之下被處決。而且還有其他像亞歷山大 • 伯恩斯（Alexander Burnes）這樣的人，他在街上被憤怒的暴民動用私刑殺死，那些人是被英國人試圖影響當地政治的行為所激怒。更糟的是，英國派了一支大軍前往阿富汗參加那裡的權力爭奪，這是一個災難性的決定。當英國軍隊在 1842 年從阿富汗撤退時，他們在山地中了埋伏，據傳只有一個人倖存。這件事是英國軍事史上最恥辱的事情之一。

　　儘管如此，痛擊俄羅斯的機會出現在維多利亞（Victoria）女王統治的時期，她是英國最偉大的統治者之一。在 1853 年，一連串圍繞著鄂圖曼帝國境內基督徒待遇的亂鬥，被當成英國向坐落在黑海中的克里米亞半島出兵的藉口。這個目標，按照帕默斯頓（Palmerston）勳爵（他將在不久後成為英國首相）的說法，就是「阻止俄國的進犯野心」。克里米亞戰爭很難被稱得上是一場勝利。最著名的事件，就是充滿英雄氣概的輕騎兵衝鋒失敗，當時在卡迪甘（Cardigan）勳爵指揮下的騎兵，錯誤地對山谷頂端守株待兔的俄國砲火發動全面衝鋒。但是這場悲劇對戰爭的結果沒有什麼影響，俄國最終被迫要求和平。

　　和平協議中的條款對俄羅斯來說一點也不亞於災難。為了羞辱沙皇，大量的高加索領土從俄羅斯中被拿走；另一件事就是決定禁止俄國陸軍和海軍進入黑海。這件事對俄羅斯尤其具有破壞力，因為黑海上的港口是俄羅斯南部極其肥沃的麥田產出的糧食能夠出口到其他地方的唯一全年通道（俄羅斯大多數的其他港口在冬天都會結冰）。

　　但是，英國企圖勒死俄羅斯的做法卻事與願違。沙皇在被他的軍隊在這場戰爭中的糟糕表現震驚了以後，他命令徹查軍隊、改進訓練、降低士兵平均年齡，以及將裝備現代化。他還廢除了農奴制，這是一個和奴隸制類似的制度，這個制度將人口中的很大一部分人拴在富有的地主手中。

　　這是一段令人震驚的崛起的序曲。俄羅斯被迫進入中亞，此舉極大地擴張了帝國的面積。正如一個俄國大臣興奮地指出的，這些新的領土「富含黃金、木材和皮草，以及巨大的適合農業耕作的空間」。連接東邊太平洋沿岸符拉迪沃斯托克（Vladivostok，海參崴）和西邊北海，連接北邊的北冰洋和南邊裡海的鐵路線修建了起來。

　　最終，為了平衡收支並支付需要的投資，俄羅斯在 1867 年決定將阿拉斯加賣

維多利亞女王

91

輕騎兵衝鋒是歷史上最著名——也是最有勇無謀的——軍事操作之一。一連串的誤會導致英國騎兵朝著俄羅斯的砲火猛衝。

給美國。

俄羅斯的擴張敲響了英國的警鐘，數不勝數的間諜傳言、軍隊調動和八卦閒談對英國毫無幫助，這些內容有很多都是道聽塗說。有些人確信，印度被攻擊只是時間早晚的問題，雖然有其他人更為冷靜，他們提出沙皇的謀士和官員們並沒有一個宏大計畫，他們只不過是抓住出現在自己面前的機會，並好好利用罷了。

有些人確信，印度被攻擊只是時間早晚的問題。

然而，這背後的代價實在太大了——而且不僅僅是印度而已。英國熱衷於保護他們在中國的主導貿易地位，那裡有超過百分之八十的商品都是由英國船隻運載，有五分之四的關稅收入是英國公司支付的。

在波斯也是這樣，英國正小心翼翼付出努力以贏得波斯國王的心，其中包括送給他地位顯赫的嘉獎，例如授予嘉德騎士勛章（英格蘭的最高騎士榮譽），還有最重要的，向一任接著一任的統治者借錢來放縱他們的奢侈品味。

波斯一直受到關注，是因為它的地理位置控制了波斯灣和經過此地的貿易，同樣也是因為它提供了進入印度和更遠地區的路徑。英國人緊張兮兮地關注著俄國人為了改善和波斯統治者的關係所做的努力。隨後在二十世紀初，有一樣東西讓波斯變得更加重要了：一家英國支持的公司發現了石油。

一名雄心勃勃的年輕議員明白這件事有多重要。「如果我們得不到石油的話，」他在 1913 年告訴議會，「我們就得不到玉米，得不到棉花，也得不到一千零一種貨物。」他催促政府出錢買斷石油公司的控制權——這家公司隨後更名為英國石油公司（BP）。他覺得如果英國能控制住這件事，英國的未來就安穩了。這個年輕人名叫溫斯頓・邱吉爾（Winston Churchill），他並不知道這個世界正在滑向戰爭的深淵。但是如果英國控制住這件事，那麼英國就能準備就緒地迎戰——這一切都多虧了埋在波斯土地下的財富。

第 1 2 章

戰爭之路

二十世紀初，全世界看起來充滿各種複雜和混亂。在南非和中國的起義、叛亂讓人們開始提心吊膽地擔憂潮流正在向著反英的方向湧動，當時英國人已經建立起一個超級帝國，它的領地包含任何一個有人居住的大陸。而且在亞洲，各地的領土、國家和酋長政權都遭到俄羅斯鯨吞，減少了俄羅斯和英國在印度、波斯等地利益上的緩衝。按照當時一個高階外交官所說的，兩國之間的緩衝「就像是一張薄餅一樣單薄」。

但是有個人另有看法。按照英國新任外務大臣愛德華・格雷（Edward Grey）爵士得出的結論，英國是不可能防禦所有需要防禦的亞洲邊境的。這麼做太昂貴、太困難。

最好的方式是跟俄羅斯結盟，並試著找到一個符合雙方利益的辦法。

認為這樣做會有成效是有道理的。在十九世紀中葉，歐洲的一大部分已經被一位名叫奧托・馮・俾斯麥（Otto von Bismark）的優秀戰略家聚集在一起，他指導了一系列的征服，把許多個日耳曼國家統一在普魯士國王領導下的單一實體（普魯士是一個日耳曼國家，由今日波蘭的一部分、德國和俄羅斯的一角組成）。在1870年，對法國的攻擊讓巴黎陷入了圍困。在這場攻勢中，德意志帝國宣布成立，成功的普魯士統治者威廉一世（Wilhelm I）不再

奧托・馮・俾斯麥

95

只是普魯士的國王了，而是統一的德意志帝國（Reich）的皇帝（Kaiser）。

像俄羅斯一樣，德國在 1800 年代末經歷了一場重大變革。在 1890 年後的二十年中，煤炭產量翻了一倍，鋼鐵產量翻了三倍，這讓德國成了主導歐洲中心地帶的一個經濟超級強國。軍事支出開始激增，這引起法國的外交官不顧一切地尋求能和其他國家結盟，以防止他們再次被攻擊。在 1904 年，法國和英國達成交易，簽署了《英法協約》（Entente Cordiale），在 1907 年，《英法協約》後續成了法國、英國和俄羅斯的《三國協約》——把德國包圍起來。

煤炭產量翻了一倍，鋼鐵產量翻了三倍，這讓德國成了主導歐洲中心地帶的一個經濟超級強國。

格雷提出，英國和俄羅斯的合作是至關重要的——這是能從「恐懼和緊張中」解救印度，並阻止俄國沙皇「掌握對我們來說十分危險的波斯部分領土」的唯一方法。這麼做也是有代價的。和法國談好條件，尤其是和俄羅斯談好條件，遠比和德國友好「關鍵得多」，一位英國高級官員這樣寫道，即便是這意味著要犧牲和柏林的關係也在所不惜。俄國人小心翼翼地看著這一切，注意到英國如此熱衷於讓沙皇開心，這一定能從倫敦身上榨得重要的讓步。

到了 1914 年時，英國已經「沒有任何可以提供的了」。格雷和他的顧問們驚恐地擔憂俄羅斯和德國會自己達成交易。隨著對德國負面觀點的形成，對德國人目的的焦慮也變得急迫起來。一位高階外交官寫道，德國「除了讓我們流血以外，沒有對我們做過任何別的事情」。「德國虛偽、貪婪，而且是我們在商業和政治上的真正敵人。」

並不是所有人都用同樣的方式看問題，在德國尤其是這樣，法國和俄羅斯的同盟導致德國出現了同時遭受兩面夾擊的心病。越來越多的錢花在軍隊上，尤其是投入到海軍當中，在軍備競賽的態勢下，大量的新戰艦相繼下水，這讓倫敦的觀察家非常不安，他們的國家曾是海洋上的霸主。在全歐洲，緊張關係開始上升。伴隨著巴爾幹的衝突，本來會引起戰爭爆發的小危機此起彼伏，摩洛哥和利比亞的危機也相繼轉危為安。這讓一

英國和德國捲入一場建造更多、更強大的戰艦軍備競賽。

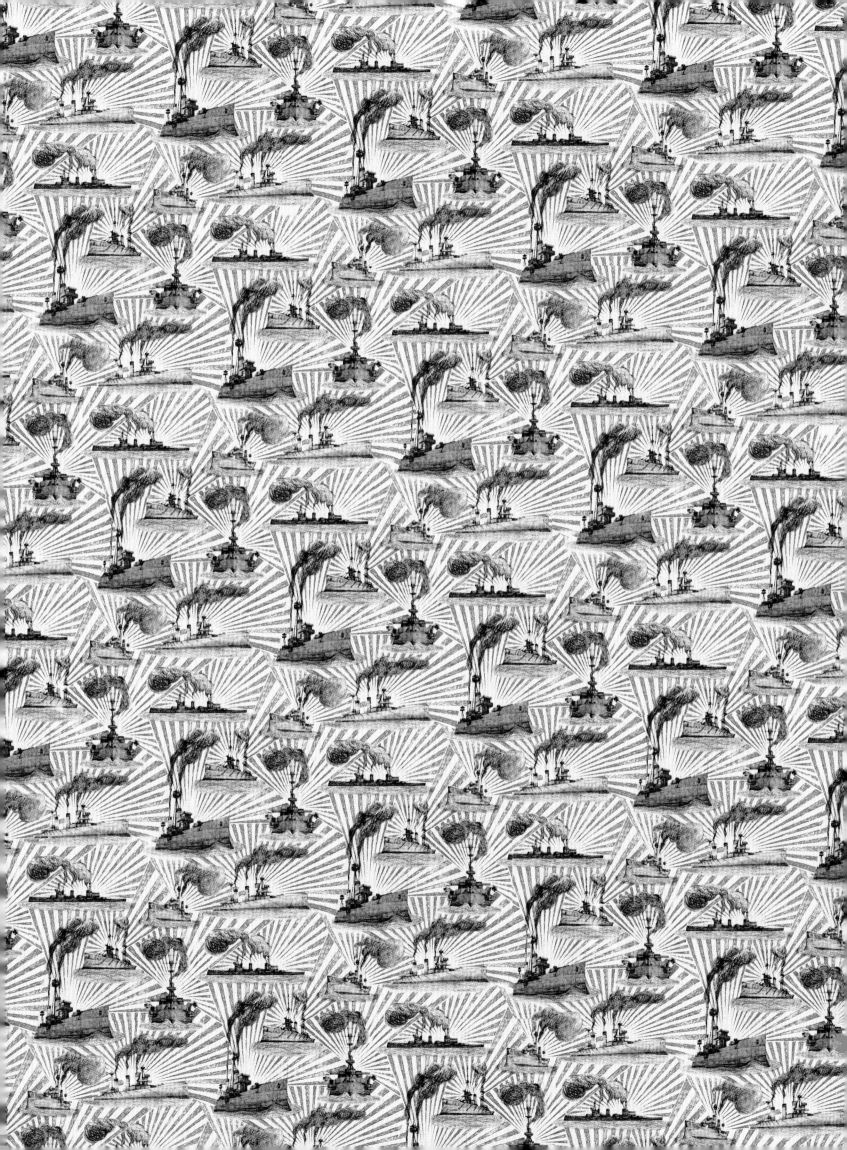

很多人認為戰爭很快就會結束。
但是當戰鬥進入到了戰壕戰，形
勢就變得更糟糕了。一波又一波
的士兵在試圖要向前推進的時候
被屠殺。

些人產生了一種不真實的安全感。「我從沒見過這樣平靜的水面」，亞瑟・尼柯爾森（Arthur Nicolson）爵士在 1914 年夏天的時候這樣寫道，他是一名英國的高階外交官。

僅僅在幾個星期之後，奧匈帝國的王儲弗朗茨・斐迪南（Franz Ferdinand）在波士尼亞的塞拉耶佛被刺殺。沒有什麼理由會讓人認為歐洲各國將會兵戎相向——並把剩下的全世界一同拖下水。但是在接下來的日子中，各國也展現實力、發出威脅，並下達軍隊準備作戰的命令。這件事的後果將讓數百萬人送命。

隨著俄國士兵收到集結命令並沿著和奧匈帝國的邊境調動，德國最高統帥部得出了結論，他們不能冒險等著事態平緩下來。德國啟動了自己的戰爭計畫，入侵法國，目標是迅速處理完畢，從而能騰出手來轉身對付俄國。當格雷意識到「全歐洲都亮起了警報燈」，已為時晚矣。英國處於一個進退兩難的境地。儘管它想避免戰爭，但是它被迫做出抉擇。海外的大使警告倫敦方面，如果英國不支持俄羅斯，「我們作為一個帝國的生存能力將危在旦夕」。

這件事的後果將讓數百萬人送命。

就這樣，第一次世界大戰在 1914 年夏天爆發了。沒人曾預測到戰爭會持續四年，造成幾百萬人死亡和更多的人受傷。將軍們在這之前讀到過的、參加過的戰爭都是短暫、迅速落幕的；戰壕造成的恐懼是讓人無法想像的，就像弗蘭德斯（Flanders）或是索姆河（Somme）戰場上的殺戮一樣，人們的遭遇是成群結隊地死去。

當和平在 1918 年到來，歐洲已經破敗。在戰爭開始時，許多歐洲國家——即使是小小的比利時——都擁有海外帝國。到戰爭結束的時候，那樣的時代已經過去。大多數的皇帝都已經不在了，他們的王位被推翻，以俄羅斯沙皇的例子來說，他和他的妻子、兒子以及四個女兒，在葉卡捷琳堡（Ekaterinburg）陰暗的牢房裡被殺害了。革命的火焰將蔓延到四處，燃遍整個俄羅斯，把之前的帝國變成了共產蘇聯。

有些人注定不會是受益者。在戰爭爆發前，不僅在英國，女性已經在爭取投票權了，英國的艾米琳・潘克斯特（Emmeline Pankhurst）就是許多冒著絕食和被關押的風

最典型的，軍官會吹哨命令他的士兵躍出戰壕——
通常是讓他們成為槍口下的獵物。

險試圖獲得和男人平等的投票權的人之一。戰爭在推動平權上起到了巨大的作用，歐洲有一個接著一個的國家——連同美國和過去俄羅斯帝國的許多部分——在戰爭終於結束後，立即給予了女性投票權。

但是巨大的經濟破壞已經造成。英國已經破敗。四年前，英國是全世界最富有的國家；四年後成了世界最大的負債國。戰爭不只損傷人命，而且特別昂貴，它會中斷發展並帶來破壞。為了要充盈國庫，英國和法國想要找人來為損失買單和賠償——於是責難就被壓在德國的肩膀上。在 1918 年 11 月 11 日停火以後進行的和平協定中，《凡爾賽和約》認定戰爭是德國的錯，德國不僅要「接受責任」，而且還要為英國和法國的損失支付巨額的錢。

支付這樣的帳目根本不切實際。但是提出這樣的要求是為了羞辱對方，同樣的，德國的大部分地區被打散，奧匈帝國被有效地肢解了。這造成德國瀰漫一種受到不公待遇的強烈情緒，這種情緒在 1920 和 30 年代被憤怒的政治人物利用，他們談論要重新建立新的德國，並對造成這一切的人報仇。看起來沒有人曾想到，第一次世界大戰的協定將在不經意間為阿道夫・希特勒和納粹的崛起搭起舞台。

❂　❂　❂

災難之路

　　在第一次世界大戰之前、之中和結束時做出的決定，不僅給歐洲造成了戲劇性的影響，這些決定也改變了中東地區。這個地區出產的石油本身就在戰爭中起了重要作用。在戰爭開始後，英國就和它的盟國商討如何瓜分鄂圖曼帝國。英國的眼光鎖定在波斯和美索不達米亞的石油上。「我不在乎，」外務大臣亞瑟‧貝爾福（Arthur Balfour）說，「我們是靠什麼體系保有石油。」這麼做「對我們來說至關重要」。英國派了軍隊到中東，占領了巴士拉（Basra）和巴格達，後來在石油儲量豐富的高加索地區也十分活躍。確保對這裡的控制是關鍵。

　　最後，一份名叫《賽克斯─皮科協定》（Sykes-Picot agreement）的交易在英國和法國之間達成，這份協定是關於兩國如何瓜分中東，但是後來英國人又對協定進行了修補，因為他們成功地把摩蘇爾和這裡蘊藏的石油加入英國討價還價的範圍之內。

　　耶路撒冷和巴勒斯坦的重要性也被發現了，一部分原因是巴勒斯坦可以作為進入蘇伊士運河的緩衝區。蘇伊士運河是一個極其重要的交通要道，它的存在意味著往返於歐洲和亞洲之間的船隻不必再繞行整個非洲。這條運河，按照一名德國政治人物的說法，是「連接大英帝國脊柱和大腦的中樞神經」。

　　但是巴勒斯坦也很重要，因為它的位置很適合鋪設連接油田的輸油管線，這樣可

以不必再穿過波斯灣的長途距離。更好的是，在海法（Haifa）有一個優良的深水港口，這裡是運油船停靠、裝卸貨物的理想所在。巴勒斯坦的重要性可以為 T. E. 勞倫斯（T. E. Lawrence，他更著名的稱呼是阿拉伯的勞倫斯）的行動提供合理的解釋，他和阿拉伯盟友穿過沙漠占領亞喀巴（Aqaba），隨後英軍在 1917 年冬天占領了耶路撒冷——這是「給英國人民的一份完美的聖誕禮物」，英國首相這樣說道。

巴勒斯坦還有另一個重要性——解決已經困擾英國有一段時日的一個麻煩。英國的猶太移民越來越多，尤其是來自俄羅斯的猶太移民，他們在英國被粗暴對待，經常遭受暴力迫害。這件事促使人們討論在東非提供一塊地方，鼓勵猶太人去那裡定居，而不是去英國。到 1917 年的時候，人們的想法已經產生變化，正如一份洩漏給媒體的信上所寫的，變成了「為猶太人建立一個民族家園」。這個民族家園慢慢地發展成以色列國。

一戰後中東的重新形塑所造成的後果，在今天也關係重大。新的國家被創造出來，它們的國界線和歷史、地理或住在那裡的人民的意願完全無關，而只是簡單反映了英國和法國的利益。為了保護國家利益，以英國為例，保護石油就是最重要的事情。英國開始把注意力放在扶持願意合作、乖乖聽話的地方統治者上。而且這件事看起來跟具體選誰關係不大。一位英國外交官說：「是選一個巴格達最胖的人或是三個鬍子最長的人來當阿拉伯統治的象徵，真的是無所謂。」任何人都可以，只要他們需要英國的支持，或是願意開價被賄賂就行了。

一戰後中東的重新形塑所造成的後果，在今天也關係重大。

在新的國家，安排了新的統治者，比如在伊拉克，英國堅持保有掌管外交事務、防務，甚至是決定讓誰來主管司法系統和經濟系統的權利。在伊朗也是同樣的情形，英國對整個國家的控制是用差不多相同的方式施行。不出人意料之外的，這樣的方式不會被當地人民接受，他們不願意受外國人指揮——尤其是一個從石油生意中賺得渾身油水的人。除此以外，關於報價如何分配的抱怨，長久以來都得不到回應。這件事直到 1930 年代初，伊朗做出了努力將石油產業國有化，把英國營運商踢出去之後，新的交易才被

在俄羅斯，列寧提出了一個基於「和平、麵包、土地」口號的新共產未來願景。人民不歡迎戰爭，戰爭導致大規模的死傷和饑餓，而且這個國家中有很多人怨恨有小部分人掌握著如此廣闊的土地。

列寧和他的同志們發動一場革命，並在 1917 年奪取權力。這導致血腥的內戰——以及蘇聯的誕生。

敲定，這讓利潤分配得比之前更為公平。

　　這並非只是和錢有關，在一個變動中的世界裡，關於自由、國家認同和帝國時代結束的觀念也同樣重要。像印度一樣，許多被歐洲征服和殖民的地方正在開始申明自治的渴望和權利，而不是被十萬八千里外的一群人統治。雖然不是嚴格意義上的殖民地，但伊拉克和波斯的人們對這一切的看法是一樣的，英國人的手放鬆得越早越好。人們有越來越強烈的感受，獨立總有一天會到來，但是正如一名伊拉克政治人物告訴英國高級官員的那樣：「獨立永遠不是別人給的——而是自己爭取來的。」

　　1920 和 30 年代是變動和普遍動盪不安的年代。甚至在第一次世界大戰還沒結束之前，俄羅斯就墜入了革命中。隨著列寧和布爾什維克攫取權力，開始著手確保他們對這個巨大國家的掌控，有數百萬人失去了生命。內戰、暴力、疾病和饑荒是為了蘇聯的社會主義烏托邦夢想所付出的代價，這裡，富人和有權力人士的財富被收繳，並平均地再分配給所有人。

事實上，這個浮現出來的制度是一個領導人——先是列寧，隨後是史達林——成為和先前的沙皇至少同樣有權勢的人物，他們甚至比沙皇的權力還更大。在新的規則之下，有數不清的公民被逮捕，不是被送去勞改營，就是遭到處決。隨著新政權的確立，甚至那些發動革命的人自己也未能幸免。在這個新的國家裡，懷疑和小聲議論將會導致死亡。

在一戰結束後，德國也經歷了戲劇性的變化。軍事上的失敗和侮辱性的和平協定讓這個國家跟蹌跌倒，這給極端主義者提供了完美的舞台，他們承諾會重塑德國人的榮耀，帶領國家走向輝煌的未來。希特勒所提出的改變和重建的呼籲落在了肥沃的土壤上，這讓很多人願意對希特勒和他身邊的納粹黨所具有的邪惡反猶主義和極端主義特徵視而不見。

按理來說，德國和蘇聯是對立的兩極，應該是死敵才對。但是令人驚訝的是，希特勒和史達林在1939年敲定了一筆交易，導致波蘭和波羅的海國家遭到瓜分。不僅如此，德國還給史達林提出保證，供給蘇聯缺乏的原材料和商品，例如石油、鐵和小麥。希特勒十分高興，他說這就是允許德國重新回到它在世界上應有位置的機會——但是他們將會用殘酷無情的方法來做到這件事。「關上你們心中的憐憫，」他告訴他的將軍們。「下手要狠。」如果他們能做到，德國終將再次偉大。

在蘇聯，政治犯要被迫苦力勞動。許多人在嚴酷的環境下死去。

苦痛之路

在 1939 年 9 月 1 日這一天，德國軍隊開始像潮水一樣越過波蘭邊境。波蘭軍隊的英雄氣概並不足以抵禦德國進攻。儘管在入侵發生後，法國和英國都對希特勒宣戰，但是誰也沒有提供真正的幫助。英國飛機飛入了德國領空——只是散發傳單，以此給德國公民的士氣起到「打擊效果」。難怪人們將這樣的戰爭稱作是「靜坐戰」。

與此同時，中亞出現恐慌，英國外交官預計蘇聯會隨時發起攻擊，隨後南下撲向印度。還要加上對蘇聯人或德國人的憂慮，或是蘇德兩國一起對伊朗和伊拉克下手，並控制住英國石油利益的可能性。過沒多久，奪取英國石油利益的計畫就制定出來了。長途跋涉的德國人試圖贏得當地統治者的支持，提出誘人的許諾，以換取當地統治者反對英國。一名德國高級官員告訴阿富汗國王，只要他願意為反英提供支持，印度北部的大部分領土以及重要的卡拉奇（Karachi）港口，都會交到他手中。

雖然特定計畫並沒有實施，但讓人目瞪口呆的是，希特勒在大部分的穆斯林世界都十分受到歡迎。有一部分原因是他的暴力反猶主義，這一觀點和一些人不謀而合，比如耶路撒冷的大穆夫提（高級法官）就曾稱呼猶太人是「渣滓和細菌」。但希特勒受到喜愛也是因為他所持的觀點——他的觀點許諾將人們帶回到輝煌、神話般的黃金時代。希特勒相信古代「雅利安」種族的血統是純正的——他們的後代能在德國找到（方便納粹

瑞典

東普魯士

波蘭

捷克斯洛伐克

1939 年，希特勒和史達林達成一筆促成德國入侵波蘭的交易，隨後德國派軍隊進入比利時、荷蘭和法國。

的講法）。這引起波斯的注意，波斯國王決定把國家改名為「伊朗」，將他的人民和古代史中的「雅利安」（Arya）人聯繫起來，這個詞彙是因梵文和印度—雅利安語言而為人所知，他們曾經生活在這個地區。在伊拉克也是這樣，關於恢復舊有榮光的觀點也得到人們熱情的支持，復興黨也就此成立。希特勒告訴來自沙烏地阿拉伯的使節說：我們有許多共同點，我們沒有占領阿拉伯人領土的意願；我們有共同的敵人；而且「我們都打擊猶太人。不把最後一個猶太人趕出德國的話，我是不會收手的」。

在波蘭迅速失敗後，比利時和荷蘭受到攻擊，隨後是法國以令人驚訝的速度垮掉——才一個月多一點，法國就投降了。希特勒成了歐洲的主人。英國孤獨地反對希特勒，在 1940 年的不列顛戰役中英勇抵抗納粹空軍。但是到 1940 年底時，甚至更加野心勃勃的計畫也開始實施了。

希特勒在戰爭之前就說過，他的目標是在俄羅斯南部和烏克蘭的肥沃田野上。如果德國能確保這些地方，他說，那麼就不會有人「像上一場戰爭那樣讓我們餓肚子了」。在全歐洲的軍事成功也有代價：勞動力被招募到軍隊裡，這給德國農業造成了壓力。食品短缺已經讓一些納粹高級官員感到緊張了。如果沒有足夠的食物，戰爭又有什麼好處呢？

答案很明顯。約瑟夫・戈培爾（Joseph Goebbels）注意到「麥浪滔滔的東方遼闊田野」，他是希特勒最重要的支持者，那裡的田野有「足夠的——遠比足夠還更豐盛的糧食——能夠滋養我們的人民和整個歐洲」。因此，需要做的事情就是攻打蘇聯，這件事可以讓德國控制他們的資源。當希特勒把這件事告訴官員們的時候，他難以控制住他的興奮之情，這將是「屬於我們自己的伊甸園」。

將蘇聯一分為二的計畫隨即制定了出來，它將蘇聯分成一個「盈餘區」和一個「虧損區」，它的劃分基礎是以該國哪個部分有德國想要的資源。這個計畫陳述了當軍隊進

烏克蘭和俄羅斯南部的千里沃野，以其肥沃的土壤和豐盛的農作物產量聞名。

入並穩固了南方麥田之後將會發生什麼事情——數百萬人「將會毫無疑問地挨餓」，報告中說道，但是任何試圖阻止這件事發生的努力都會「以歐洲的資產為代價」。德軍的進攻在 1941 年 6 月開始。希特勒告訴他的將軍們，這是一場「根除的戰爭」。

德國軍隊就像潮水一樣撲向邊境線，以驚人的速度向前推進。基輔在 9 月時陷落。12 月時，德軍的先頭部隊已經抵達莫斯科郊外。看起來這場賭博就要獲得回報了。但是，這些成功掩蓋了後勤上的問題，包括要如何在敵人的領土上供給一支龐大軍隊。讓前線得到設備、人力和食品並不容易，而且德國人遇到激烈的抵抗，在史達林格勒尤其如此。

當蘇聯戰場上取得的進展變成了僵局，其他地方的事情也並沒有按照計畫進行。德國人穿過北非進入中東的夢想並不如預期。因為害怕在整個地區都出現的親德情緒，英國人主動占領了巴格達和德黑蘭，甚至連國王都被迫讓位給自己的兒子。伊朗反而成了英國和美國給蘇聯輸送武器和設備的重要路線，以支持蘇聯抵抗德國的努力。

這一切都給德國的軍事地位施加了壓力。但是德國還有其他麻煩。在德國入侵蘇聯的幾個星期後，事情已經變得明顯，獲得的小麥、穀物數量遠不及之前預期能得到的水平。這意味著德國的食品供應開始變得危急，並面臨大規模挨餓的威脅。為了扭轉這樣的局面，連同更多激烈方案被提出，德國下達減少戰俘食品供應的命令。有些方案包括用毒氣直接殺死戰俘，免得還要提供他們糧食。

例如高級軍官阿道夫・艾希曼（Adolf Eichmann）之類的人開始思考用工業化方法殺死從歐洲各地圍捕的猶太人，他們自從戰爭爆發以來就被關押在令人恐懼的條件下。女人、兒童和其他「沒有工作能力」的人最先被殺。幾百萬人在人類歷史上最惡劣的冷血中被殺害。在希伯來語中，這被稱為「Shoah」——大災難；其他人則將此稱為「猶太大屠殺」。

到了 1945 年，德國終於被英國、美國和蘇聯組成的盟軍打敗，盟軍士兵攻進柏林，將希特勒許諾將延續一千年的「第三帝國」打碎。事實上，這個國家僅僅延續了十二年。日本也被戰爭粉碎。日本曾經把賭注押在和德國結盟上，它在東南亞、南亞和太

邱吉爾、羅斯福和史達林進行幾次會面，討論如何贏得戰爭——以及戰後將會發生的事情。

112

平洋上打了一系列的慘烈戰役，造成極大規模的損失。當美國用一種在新墨西哥州的洛斯阿拉莫斯（Los Alamos）研製出的新武器攻擊了廣島和長崎後，終於結束了戰爭。原子彈的威力幾乎難以形容，在二戰結束後，這種令人生畏的武器讓戰略制定人士們開始談論，如果爆發核戰，全人類都會完蛋。

在戰爭結束之前，當盟軍士兵站在柏林的斷壁殘垣上慶祝戰爭結束，一連串的會議在英國首相邱吉爾、美國總統羅斯福（Franklin D. Roosevelt）和蘇聯領導人史達林之間召開。他們談論的話題是當希特勒被打敗以後，世界將會是怎樣的樣貌。區區三個人決定幾百萬人的命運，有時候是用如此隨便的方式決定，以至於邱吉爾要求把會議紀錄燒掉，以避免在未來受到製造問題而不是解決問題的指責。

在戰爭結束後的十二個月內，人們就在談論新的對抗了——這一次是在蘇聯和西方之間。一道鐵幕正在許多歐洲國家的頭上落下，一個又一個國家落入莫斯科共產政權的直接或間接控制下。有些人，例如住在莫斯科的美國外交官喬治．肯南（George Kennan），擔心未來的前景黯淡無光；對他來說，史達林對鄰國和其他國家的進犯看起來無異是「宣布了第三次世界大戰」。

希特勒已經被擊敗了。但是二十世紀後半葉的故事將會是兩個國家之間的對立——這兩個國家擁有遠超過其他任何國家的影響力和野心，它們被人們稱為「超級大國」。隨著美國和蘇聯彼此以各式各樣的方式競爭，它們在接下來四十五年的大量競逐都發生在一個熟悉的地區：絲綢之路的沿線。

二十世紀後半葉的故事，
將會是兩個國家之間的對立。

失落之路

在第二次世界大戰期間，政府部門和各個辦公室已經把注意力投向中東地區的石油上，有一份呈交給美國政府的報告，將該地的石油稱為「歷史上空前的唯一最大獎勵」。英國和美國談判人員在檯面下已經敲定交易，儘管過沒多久，他們就開始受到壓力，當地統治者們開始展示各自的實力，並要求分享更大的利潤份額。

英國對這件事尤其頭痛，他們的帝國正在消融中。1947 年在南亞施行的拙劣撤出計畫，導致印度被浸泡在血水之中，分裂成印度和巴基斯坦兩個國家，有數百萬穆斯林和印度教徒在兩國間移動途中遭到屠殺。英國的拙劣表演，在非洲也攪動出獨立運動。那些生活在非洲的人，希望把命運掌握在自己手中。還有第二次世界大戰造成的人命和金錢耗費。英國「正站在破產的邊緣」，美國國務卿迪安 • 艾奇遜（Dean Acheson）注意到了。如果失去石油利潤，英國就完了。

因此當伊朗的一位重要的政治人物穆罕默德 • 摩薩台（Mohammed Mossadegh）提出要收回石油工業，並拒絕和英國談交易──甚至在必要的時候「用泥巴把油井堵起來」的時候──一切都變得緊張了起來。在 1951 年摩薩台當選伊朗總理之後，英國人認定是時候該採取行動了。他們聯繫了美國情報特工，後者已經在忙碌地從事推翻他們認為靠不住或是沒有幫助的外國領導人了，除掉摩薩台的工作也是用同樣的方法完成。

伊朗國王和他的妻子，在 1953 年
短暫地逃到羅馬。

這件事進行得非常彆腳。伊朗國王提前被告知這一陰謀和下手的時刻，他隨即逃跑了——甚至連襪子都沒來得及穿。隨後，摩薩台遭到逮捕——讓國王好似勝利者一樣回國，向百姓保證他是人民的救星。正如當時的一個外交官注意到的，一切都不出人意料，「英國人飽受憎惡」。人們已經受夠了被外國人指手畫腳地要求按照外國人的意願做事——而且外國人隨時準備好做出任何保護他們各自利益的事情。

這樣的感受不僅在伊朗覺察得到。從埃及到敘利亞，從伊拉克到阿富汗，英國和美國人扮演的角色看起來無非是自私自利，並願意把任何妨礙他們的人除掉。最受厭惡的則是西方勢力支持那些不受歡迎的領導人，在很多案例中的所作所為十分令人不悅。資金被欣然地交予那些獨裁者，而且好處只惠及獨裁者身邊的家人、朋友的小圈子。這導致這些國家的社會變得越來越不平等，讓那些金字塔頂端的人可以借助令人厭惡的方式應有盡有，而社會底層的人們則一無所獲。

這不僅不公平，而且愚蠢。這讓那些煽動者只要指責那些糟糕領導人顯而易見的瑕疵和癖好，就可以輕易贏得大眾的支持。在一些案例中，人們也許受到了誤導；但是在證據面前，很難為這樣的不公局面做出辯駁。例如，在 1950 年的阿巴丹鎮（Abadan），這裡有全世界最大的石油精煉廠，但是全鎮擁有的供電水平只相當於倫敦的一條街道，這裡的學校嚴重不足，只有百分之十的兒童能夠上學。

在 1950 年代中葉，人們已經開始要把事情掌握在自己手中了。在埃及，納瑟（Nasser）將軍在 1956 年把蘇伊士運河收歸國有並面臨外國介入，在兩年後的伊拉克，一場血腥的政變見證了軍方掌權。幸災樂禍的蘇聯人告訴美國總統甘迺迪（John F. Kennedy），絲綢之路上的國家將會像成熟的果子一樣落在蘇聯手裡。這只是加劇了美國不惜一切代價支持盟友的努力——把武器、飛機和錢一股腦地交給伊朗、巴基斯坦和其他國家的領導人，不顧一切地收買他們的支持。

1956 年，英國和法國空降傘兵企圖控制蘇伊士運河，這引起一場國際危機。事情並不像計畫中那樣順利——反而鞏固了納瑟將軍的地位。

財富流進少數人的口袋，創造出不平等、多數人的憤怒，以及——也許是最糟的——削弱了西方國家信譽的基礎，西方國家看起來只不過是在積極地支持那些只顧為自己謀利的獨裁者。這讓像阿亞圖拉霍梅尼（Khomeini）這樣技術嫻熟的批評家可以輕易在伊朗獲得支持。霍梅尼說國王是一隻「可憐蟲」，並催促人們起身推翻國王。

　　這時候的世界處在極度緊繃的狀態下，美國和蘇聯之間軍事、經濟和政治上的對立，造成戰爭再次爆發的威脅。這兩個國家都發展出核武器，這意味著任何的對抗都可能導致全球性災難。代價已經高到不能再高。雙方都要用宣傳和科學成就來超過對方——例如第一個派人類進入太空，或是登上月球。

　　在美國的國歌中，有句歌詞說美國是「自由的土地和勇士的家園」，對很多人來說，這句歌詞看起來十分諷刺——美國聲稱是全球自由的推動者，但是在自己國內，不只存在著偏見，而且在一些南方州依然合法歧視美國黑人。在像馬丁‧路德‧金恩（Martin Luther King Jr）這樣的人物推動下，1950 和 60 年代見證了民權運動的壯大，他們飽含激情地呼籲，讓所有美國人，無論膚色，都能擁有平等的權利，這場運動最終帶來提供所有人平等保護的新法律。

　　與此同時，在中東地區，石油財富在 1960 和 70 年代急速增加，促使以色列和阿拉伯國家之間爆發六日戰爭和贖罪日戰爭等重大危機，將代價越拉越高。這也拉高了軍費開支，光是伊朗一個國家的開支，就從 1963 年的平均每年 2.93 億美元上升到了十五年後的 73 億美元。這些錢有一大部分進入美國和英國公司的口袋，讓它們從出售槍砲、坦克、戰機等裝備中獲得大量利潤。這裡面也包括核子技術，反過來成為發展核武器的入口。對西方來說，這看起來是雙贏的情節，石油富國把天然資源出售到國外，然後用賺來的錢

馬丁‧路德‧金恩

購買昂貴的武器，這些錢對生產武器的國家來說是重要的發展經濟的助力。伊朗人口中的大部分人從中得不到多少好處。

　　然而，在 1979 年，事情發生決定性的逆轉。伊朗陷入一場迫使國王逃離伊朗的革命：權力被激烈的反西方領袖霍梅尼攫取。「世界需要石油，」這位阿亞圖拉不久後說道。「世界不需要美國。」「其他國家將會來找有石油的國家，而不是找你。」大約在同時間，蘇聯對阿富汗發動一場災難性的入侵，一部分原因是害怕這個國家投入美國懷抱，就像是伊朗遠離美國懷抱一樣。隨後，在 1980 年的秋天，伊拉克對伊朗發動襲擊，開啟一場延續了將近十年的戰爭。

　　在美國，有些人希望伊朗和伊拉克身陷在彼此攻伐中，一個高級官員指出，「任何一方的勝利都不是軍事上可達成的，也不是戰略上可取的」。換句話說，美國人希望雙方兩敗俱傷。但是，美國實際上的決定還是把更多賭注押在伊拉克這邊。因此美國努力支持伊拉克經濟，並提供它急需的武器。美國對於伊拉克使用化學武器的行徑視而不見，即便這已經違反國際法。美國還做出努力，與主導伊拉克政治超過十年的薩達姆 · 海珊（Saddam Hussein）建立穩固的關係。

　　但問題是，在支持伊拉克的同時，美國又和伊朗展開聯繫——也開始向伊朗出售軍事設備，其中包括飛彈系統和先進的地對空武器。這最終造成一場巨大的醜聞，既因為出售是祕密進行的，也因為在東窗事發後，那些參與其中的人開始掩蓋他們的所作所為。這件事幾乎讓美國總統雷根（Ronald Reagan）下台，

阿亞圖拉霍梅尼

他被迫要聲稱他的記憶力已經不足以想起來之前他答應的事情了。

當海珊發現他被自己最信賴的盟友背叛了，這件事造成更嚴重的破壞。美國，他咬牙切齒地念道，給「邪惡不道德的行為」的底線拉到新低。「背後捅刀子」是無恥的。後來在巴格達找到的一捲錄音帶中記錄了一個高級顧問告訴他，「別相信美國人——美國人是騙子——別相信美國人」。他沒有相信美國人。而且正如美國情報單位報告中提到的，這位伊拉克領導人開始確信，美國「是衝著他來的」。在接下來的幾年時間裡，海珊變得越來越好戰，他在 1990 年無端地攻打科威特，獲取他已經覬覦很長一段時間的油田。他並沒有料到這件事會產生巨大的回應，但是這是他罪有應得，隨著一支龐大的聯軍組建起來，把伊拉克軍隊趕出科威特，並迫使其接受停火。

伊拉克軍隊在 1991 年遭到聯軍打擊撤出科威特的時候，點燃了各地的油井。

到了 1990 年代初，世界看起來是一個安全又平靜的地方。蘇聯人撤出了阿富汗，很大一部分原因要感謝美國對反抗軍提供的資金和支持（反抗軍後來被稱為聖戰者〔mujahideen〕，構成塔利班〔Taliban〕的基礎）。美國送給他們巨額資金和武器，讓他們能夠成為一系列擁有堅實權力基礎的軍閥。

柏林牆隨著共產主義一起坍塌了，不久後蘇聯也裂解成了十五個獨立國家。在南非，因為膚色而對人施加壓迫的種族隔離、歧視制度，終於畫上了休止符。中國進入天翻地覆的變革時期，開始遠離之前幾十年間建立起來的封閉、孤立狀態。毛澤東引導中國經受了「大躍進」和隨後的「文化大革命」時期。為了將這個國家改造成一個範本式國家並推動現代化，好幾百萬人為此付出了代價。到 1990 年代時，中國轉而擁抱一種

非常不同的進步和改革模式，開始向廣闊的世界開放。

在南非，因為膚色而對人施加壓迫的種族隔離、歧視制度，終於畫上了休止符。

　　世界正在發生變化，而且是看似更好的變化。壓力施加在海珊身上，以迫使他解除武裝。為了制止像賓拉登（Osama bin Laden）之類的恐怖分子，人們也做出了努力。他在 90 年代初對美國利益發起了規模很小但是十分明顯的攻擊。當賓拉登和他的蓋達組織（Qaida）的目的和實力越來越大，他們在肯亞和坦尚尼亞的美國大使館放置炸彈，造成數百人死亡，數千人受傷。在阿拉伯世界，有很多人同情賓拉登，和他提出的穆斯林在西方國家手中遭到「侮辱」和「潦倒」的時間已經太久了的這樣的呼聲。

　　試圖找到並阻止他的努力，都沒能獲得成功，直到 2001 年 9 月 11 日，十九個人在美國劫持四架客機。這些飛機故意被毀，有兩架衝進紐約市的雙子大廈，導致巨大的人員傷亡。美國直到這時候才知道賓拉登在阿富汗，並要求阿富汗當局把他交出來。他們拒絕了這個要求。

　　獵殺恐怖分子頭子的行動計畫，變成某種更遠大的目標。在抓住賓拉登的同時，美國也有了「給世界政治地圖帶來重大變化」的機會，美國國防部長拉姆斯菲爾德（Donald Rumsfeld）說。九一一事件給美國提供了正當理由，在絲綢之路沿線不只一個國家中創造出「新政權」：阿富汗、伊拉克和伊朗。按照高度機密的文件中的記載，拉姆斯菲爾德只問了一個問題，就是「怎麼開始？」

　　這個回答是給攻打伊拉克找一個理由：注意力被放在指責海珊祕密研製大規模殺傷性武器上。事實上，這件事根本就沒有證據，但是美國情報部門的報告卻聲稱他們有證

據。在伊拉克和恐怖分子之間有認定的聯繫，包括賓拉登在內，即使這也是假的，而且全世界有許多人都沒有被說服，但是美國仍感覺採取軍事行動要好過談判，是正確的前進路線。

在 2003 年，美國對伊拉克發起大規模攻勢。在那時候，空中和地面部隊已經把塔利班趕出阿富汗的喀布爾和其他主要城市。計畫看起來正在按部就班地進行。到 2003 年 3 月時，美國領導的聯軍已經來到巴格達，控制了首都並開始肢解海珊政府，他本人躲了起來。很少有人想一想接下來會發生什麼：美國的計畫是建立在伊拉克將會輕易重建起來的基礎上，這樣的計畫不但樂觀，而且非常簡要。這個國家有很多石油，美國高級官員說，因此能夠「支付本國重建並且在相對快速的時間裡完成」。在入侵的三年後，美國只需要有一支五千士兵的小部隊。但這一切都只是紙上談兵。

事實正好相反，入侵造成的結果是災難性的。伊拉克陷入了混亂和暴力。還有更糟糕的事，賓拉登逃脫了多年，每隔一段時間就會釋放出嘲弄的訊息，鼓勵支持者發動更多對西方的襲擊，直到他在 2011 年被找到並殺死。

試圖控制世界心臟的嘗試已經失敗──而且是在大庭廣眾下失敗。是時候該尋找其他答案了。

新絲綢之路

2013 年 9 月，中國主席習近平在哈薩克首都阿斯塔納發表了一場演說。在兩千多年來，他說，「儘管存在種族、信仰和文化背景的不同」，居住在這個連接東西方的地區的人們共存、合作和繁榮。他繼續說道，中國和中亞國家發展友誼協作關係是至關重要的事情。因此他宣布了一項野心勃勃的計畫，要創造一個「絲綢之路經濟帶」來提高經濟聯繫，鼓勵貿易和促進交通。

這個計畫後來更名為「一帶一路倡議」，這項中國領導的計畫已經開始顯現出影響。數十億美元正在投資和借貸給道路、橋梁、高速鐵路和能源電力、輸油管道、深水港口和機場工程。這些工程遍布亞洲的脊梁地帶和非洲，甚至出現在歐洲。注意力尤其被放在中國感興趣的那些擁有豐富資源、商品和市場的國家，這些國家對中國自己的長期發展十分重要。例如，許多中亞國家都擁有豐富的石油、天然氣、鋁、銅和鈾，鈾是生產核能的關鍵材料。

中國提供的貸款規模大得令人震驚，這就和中國對這一地區和世界造成的潛在經濟影響一樣。這已經讓過去三十年來形成的全球貿易運行模式有可能發生根本變化。自從 1990 年以來，亞洲的財富就在急遽增長。世界上最著名的一些足球俱樂部——例如巴黎聖日爾曼、切爾西、曼城和 AC 米蘭——它們的老闆是來自波灣國家、俄羅斯和中國的

老闆。同樣的，一些最為知名的企業——森寶利公司（Sainsbury's）、希爾頓酒店和迪士尼，它們都有來自崛起中的東方的大股東。

如今伴隨著亞洲的財富飛速向前躍進，新的博物館、大學和學校正在從波灣到中國太平洋沿海的城市中興建起來。在像杜拜、多哈、吉隆坡、上海或阿斯塔納這樣的城市裡，日新月異和樂觀的情緒讓人難以忽視——這些地方正在提醒著我們古代絲路上的那些繁榮綠洲。

位於地中海東部和中國沿海地區之間的國家也正忙著建立起更好的聯繫。例如上海合作組織、突厥語國家大會和歐亞經濟聯盟以及一帶一路倡議，這些組織全都在尋求改善聯繫、減少貿易壁壘，它們採用的辦法在那些歷史上沿著絲路旅行和貿易的人們看來一定不陌生。

隨著亞洲的崛起，前方出現了許多障礙。重大基礎設施工程並不總是容易進行，而變動的速度本身也是挑戰——尤其是當世界如此紛亂，發生的事情對許多人來說如此的陌生。

對全球化的回應也帶來問題，這在美國和歐洲表現得最明顯，人們在那裡談論著壁壘、關稅和保護本國企業。一些東方鄰居的關係是如此緊張，意味著展開合作聽起來容易而做起來難。例如巴基斯坦和印度的關係，伊朗和沙烏地阿拉伯的關係，這些國家的關係不僅常常充滿困難，而且還呈現出對抗。然後還有那些由 ISIS、蓋達組織等團體所構成的新麻煩，它們的目標是播種分歧，而不是帶來和平。伴隨著這一切的，是允許我們比以往的任何時候都更快、更遠地傳播資訊和意見的科技發展——這件事可以非常有幫助，但有時也可以相當危險。

如果說歷史給我們上了一課的話，那麼這一課就是告訴我們，人們實際上在為和平的未來做計畫的時候，常常是既堅韌又務實的。畢竟，穩定、繁榮和寬容是密不可分的，這樣的世界允許我們彼此都能繁榮昌盛。在二十一世紀的最初二十年裡，危機看起來從未遠離人類。然而這正是研究歷史如此重要的原因。

歷史幫助我們了解到變化是如何在過去發生的，並且幫助我們理解變化為什麼正在今天發生。絲綢之路一直都很重要。在今日也不例外；絲綢之路正在再次崛起。

感　言

....

寫作這本書為我帶來莫大的享受。和尼爾・派克合作把這本《全彩插畫版絲綢之路》帶給新的讀者，思考所有的挑戰和如何實踐也是一段愉悅的經歷。我要感謝 Bloomsbury 出版社的 Saskia Gwinn 和 Claire Jones，他們自始至終在每個方面的工作都堪稱完美。如果沒有他們二人，我是不可能完成這本書的。我也很感激 Catherine Clarke 和她在 Felicity Bryan 的優秀團隊，她就像是總能讀到我的心緒一樣。我還要感謝的是我在伍斯特學院的系主任和夥伴們，以及我在牛津的所有同事，感謝他們一直以來的支持。

和往常一樣，我的妻子 Jessica 值得我特別的讚美；這本書的每一頁背後，都有她的鼓勵、耐心和慈愛。她也知道這本書對我的意義，因為我們一同撫養著我們摯愛的孩子們，自從他們會走路以來，我們就告訴他們如果要理解當下，他們首先要試著理解過去——並著眼於圍繞著他們的整個世界，而不是世界的一小部分。這本書是送給你們的，Katarina、Flora、Francis 和 Luke——首先，我是為了你們寫這本書的，而且，你們給我帶來的靈感是遠遠超過你們所知道的。

彼德・梵科潘
牛津，2018年4月